Peter Mersch

Die Fälle Caster Semenya und Julija Jefimowa

Kontroversen bei der Olympiade 2016 in Rio de Janeiro

Bibliografische Information der Deutschen Bibliothek:
Die Deutsche Bibliothek verzeichnet diese Publikation in der Deutschen Nationalbibliographie; detaillierte bibliographische Daten sind im Internet über http://dnb.ddb.de abrufbar.

Fotos Francine Niyonsaba und Margaret Wambui: © Fernando Frazão/Agência Brasil, http://agenciabrasil.ebc.com.br/rio-2016/foto/2016-08/noite-de-atletismo-no-engenhao, Licença Creative Commons Atribuição 3.0 Brasil

Foto Caster Semenya: © Tab59, CC BY-SA 2.0

Foto Julija Efimowa: © Mikhail Makarov, CC BY-SA 4.0

© 2016 Peter Mersch

Herstellung und Verlag: B o D - Books on Demand, Norderstedt

Printed in Germany

ISBN-13: 978-3-7412-1098-3

Inhaltsverzeichnis

Caster Semenya und die Zukunft des Frauensports   1

Julija Jefimowa und der Umgang mit Dopingsündern   17

Literatur   41

Zusammenfassung

Neben dem immerwährenden Thema Doping und einigen herausragenden Weltrekorden sorgten vor allem zwei Ereignisse während der Olympischen Sommerspiele 2016 in Rio de Janeiro für Diskussionsstoff: Die Teilnahme gleich mehrerer hyperandrogener Frauen – insbesondere der Südafrikanerin Caster Semenya – am 800-Meter-Lauf der Frauen und die an öffentliche Bloßstellung und Hetze grenzende Berichterstattung über die russische Schwimmerin Julija Jefimowa (Yuliya Yefimova/Efimova).

Der Autor legt dar, dass die Teilnahme von Intersexuellen am Leistungssport für Frauen letztlich der Intention des Frauensports zuwiderläuft. Im Fall der russischen Schwimmerin Jefimowa zeigt er auf, dass sie während der Olympiade in Rio de Janeiro zu Unrecht attackiert und dämonisiert wurde. Für den zukünftigen Umgang mit vermeintlichen Dopingsündern schlägt er einen individuelleren, menschenwürdigeren und sich stärker an etablierte Rechtsnormen orientierenden Umgang vor.

Caster Semenya und die Zukunft des Frauensports

Am vorletzten Tag der Olympischen Sommerspiele 2016 in Rio de Janeiro kam es zu einem Vorfall, der für ähnlich viel Gesprächsstoff und Kontroversen sorgte, wie das immerwährende Thema Doping und der Auftritt der russischen Schwimmerin Julija Jefimowa[1] (siehe das Kapitel *Julija Jefimowa und der Umgang mit Dopingsündern* auf Seite 17). Ich spreche vom Fall Caster Semenya.

Caster Semenya[2] ist eine südafrikanische Leichtathletin, die auf internationalen Sportveranstaltungen vorwiegend im 800-Meter-Lauf der Frauen antritt. 2009 wurde sie in Berlin auf dieser Strecke Weltmeisterin (in 1:55,45 Minuten), 2012 bei den Olympiade in London in 1:57,23 Minuten zunächst Silbermedaillengewinnerin[3] und nun in Rio de Janeiro in einer Zeit von 1:55,28 Minuten Olympiasiegerin[4]. Als Zweite und Dritte kamen bei diesem Lauf Francine Niyonsaba[5] aus Burundi und Margaret Nyairera Wambui[6] aus Kenia ins Ziel. Allen drei Medaillengewinnerinnen wird nachgesagt, von Hyperandrogenismus betroffen und/oder intersexuell zu sein[7].

Caster Semenya

Hyperandrogene Frauen besitzen im Vergleich zu „normalen" Frauen einen deutlich erhöhten Testosteronspiegel, bei *Intersexuellen* ist das biologische Geschlecht (männlich oder weiblich) nicht zweifelsfrei bestimmbar. Anders gesagt: Die betroffenen Personen besitzen Merkmale, die allgemein mal dem einen, mal dem anderen Geschlecht zugerechnet werden (wozu unter anderem auch die Stimmlage zählt[8]). Einige Quellen behaupten, Caster Semenya besäße keine Gebärmutter, sehr wohl aber innenliegende Hoden[9].

Francine Niyonsaba

Die deutsche Wikipedia definiert den Begriff der *Intersexualität* wie folgt[10]:

Mit Intersexualität bezeichnet die Medizin Menschen, die genetisch (aufgrund der Geschlechtschromosomen) und/oder anatomisch (aufgrund der Geschlechtsorgane) und hormonell (aufgrund des Mengenverhältnisses der Geschlechtshormone) nicht eindeutig dem weiblichen oder dem männlichen Geschlecht zugeordnet werden können.

Um eine Vorstellung davon zu bekommen, wie groß die Unterschiede in den Testosteronspiegeln üblicherweise zwischen den beiden biologischen Geschlechtern sind, genügt ein Blick in die in der Endnote angeführte *Healthline*-Seite[11]. Für erwachsene Männer werden Werte zwischen 200 bis 1.070 ng/dl, für erwachsene Frauen zwischen 15 und 70 ng/dl als normal angegeben. Zahlreiche Quellen nennen engere Spannen (dann handelt es sich meist um eher durchschnittliche Werte für die beiden Geschlechter), einige aber auch etwas größere. Beispielsweise werden auf med4you.at die Werte 3-10 µg/l für erwachsene Männer und 0,06-0,8 µg/l für erwachsene Frauen genannt[12]. Diese entsprechen 300-1.000 ng/dl für Männer und 6-80 ng/dl für Frauen, sie sind also durchaus mit den von Healthline genannten Zahlen vergleichbar. Daneben existieren auch Größenangaben in nmol/l. Dafür gibt die med4you.at-Website die Werte 10-35 nmol/l für Männer und 0,2-2,8 nmol/l für Frauen an.

Margaret Nyairera Wambui

In Presseberichten zu Caster Semenya hieß es, ihr Testosteronspiegel sei etwa dreimal so hoch wie der anderer Frauen[13]. Auch wenn ich die exakten Werte nicht kenne, lässt dies zunächst vermuten, dass er dreimal so hoch ist, wie der Maximalwert von erwachsenen Frauen gemäß der zitierten Healthline-Tabelle (denn ansonsten könnte man nicht sagen, dass er dreimal so hoch ist). Damit läge er knapp unterhalb des Minimalwerts von erwachsenen Männern. Allerdings widerspricht dies anderen Quellen zur Startberechtigung hyperandrogener Frauen. Beispielsweise heißt es auf medmix.at zu den im Jahr 2011 vom internationalen Leichtathletikverband IAAF (*International Association of Athletics*; Weltleichtathletikverband) beschlossenen zulässigen Testosteron-Spiegeln für Frauen[14]:

> Seit 2011 sollten laut dem IAAF – dem Dachverband aller nationalen Sportverbände für Leichtathletik – das Testosteron bei Frauen, die wettkampfmäßig Leichtathletik ausüben wollen, unter dem männlichen Androgenspiegel sein. Nur dann dürfe Frau an Frauenwettkämpfen teilnehmen. Eine normaler, weiblicher Testosteronspiegel in Serum-Balance liegt zwischen 0,1 bis 2,8 nmol/l – Nanomol pro Liter Blut – während der normale männliche Spiegel bei 10,5 nmol/l und höher liegt.

Caster Semenya und die Zukunft des Frauensports

Nach Verabschiedung der genannten Regelung in 2011 durfte Caster Semenya nur nach Einnahme hormonsenkender Medikamente an Leichtathletikwettkämpfen teilnehmen. Dies erklärt, warum sie bei der Weltmeisterschaft 2009 in Berlin eine Zeit von 1:55,45 Minuten lief, 2012 bei der Olympiade in London nur noch von 1:57,23 und in 2016 bei der Olympiade in Rio de Janeiro – als die Regelung längst aufgehoben war – dann wieder 1:55,28. Bei ihr scheint ein höherer Testosteronspiegel somit ganz eindeutig leistungssteigernd zu sein.

Die Tatsache, dass gemäß der neuen Regelung hyperandrogene Frauen mit einem Männern entsprechenden Androgenspiegel ab 2011 nur nach Einnahme hormonsenkender Medikamente an Frauenwettkämpfen teilnehmen durften, lässt vermuten, dass Semenyas Testosteronspiegel unbehandelt über dem unteren Normwert von Männern (300 ng/dl; 10,5 nmol/l) liegt. Ihr natürlicher Testosteronspiegel wäre dann sogar deutlich mehr als dreimal so hoch wie der maximale natürliche Testosteronspiegel „normaler" Frauen.

Der Healthline-Tabelle lässt sich auch entnehmen, dass die Testosteronspiegel von Jungen und Mädchen bis zur Pubertät identisch sind, ganz entsprechend unterscheiden sich die beiden Geschlechter bis zu diesem Alter nicht in ihrer körperlichen Leistungsfähigkeit. Erst ab der Pubertät setzen sich die Jungen/Männer (zumindest im Allgemeinen und insbesondere in der Spitze) von den Mädchen/Frauen ab. Der Leistungsunterschied ist entscheidend für die Begründung von separaten Wettbewerbsklassen für Frauen und Männer im Sport, wie auch in einem Artikel der Wissenschaftszeitschrift *Nature* angemerkt wird[15]:

> Others, such as Collins, argue that androgen levels are the main reason for the difference in men and women's sporting performance, and so it makes sense to take these levels into account when deciding eligibility.

Anders gesagt: Der Leistungsunterschied von Frauen und Männern im Sport lässt sich maßgeblich auf ihre unterschiedlichen Testosteronspiegel (und andere hormonelle Unterschiede) zurückführen. Bei der Aufteilung des professionellen Leistungssports in Frauen- und Männersport handelt es sich somit primär um eine Schutzmaßnahme für Frauen und folglich – wie im Folgenden noch näher erläutert wird – in einem gewissen Sinne um eine Diskriminierung (beziehungsweise Benachteiligung) von Männern.

Bemerkenswert ist nun, dass in der öffentlichen Debatte über den Fall Caster Semenya oftmals ganz andere Dinge in den Vordergrund gerückt wurden. Beispielsweise wurde argumentiert, dass in Wirklichkeit Caster Semenya die Benachteiligte sei[16], und das, obwohl sie allen anderen Gegnerinnen weit davon lief und schließlich die olympische Goldmedaille errang.

Zugleich wurde versucht, ihren Fall für diverse politische Interessen zu instrumentalisieren. Dazu gehörte die Spekulation, dass die diversen Vorbehalte über ihren Auftritt und der beiden anderen Medaillengewinnerinnen primär auf einem antiquierten beziehungsweise unerwünschten Weiblichkeitsbild beruhten[17]. Auch wurde daraus ein Rassismus-Fall (Weiß gegen Schwarz) konstruiert, der in Form eines Internet-Shitstorms insbesondere die britische (weiße) Sechste des Rennens – Lynsey Sharp – traf[18], die ihrer Enttäuschung im Anschluss an das Rennen freien Lauf ließ, dabei jedoch stets nachdenklich und fair blieb. Ein entsprechendes (leicht fehlinterpretierbares) Foto, das sie und die Viertplatzierte Melissa Bishop (Kanada) in einer vermeintlich abwehrenden Haltung gegenüber der handreichenden Caster Semenya zeigt, ging um die Welt[19] [20] [21].

Dabei ist die durch Caster Semenya heraufbeschworene Situation alles andere als neu. In der Leichtathletik wird auf eine lange Geschichte vergleichbarer Fälle zurückgeblickt, zu nennen sind unter anderem die polnisch-amerikanische Läuferin Stanisława Walasiewicz[22] und die beiden russischen Schwestern Tamara[23] und Irina Press[24]. Letztere dominierten in den 1960er Jahre ihre jeweiligen Disziplinen (Kugelstoßen und Diskuswerfen bei Tamara, Hürdenlauf und Fünfkampf bei Irina Press) fast nach Belieben. Nachdem im Jahr 1966 – insbesondere ihretwegen – verpflichtende Geschlechtstests für international startende Leistungssportlerinnen eingeführt worden waren, gaben sie ihre Sportkarrieren auf, was im Westen als Eingeständnis ihres ambivalenten biologischen Geschlechts gewertet wurde. Bei Stanisława Walasiewicz soll im Rahmen einer Obduktion nach ihrem Tod (sie war als Passantin Opfer eines bewaffneten Raubüberfalls in Cleveland, Ohio geworden) festgestellt worden sein, dass sie männliche Geschlechtsorgane besaß und intersexuell war[25]. Im Grunde könnte dies gar als Betrug an ihren früheren Konkurrentinnen und dem damaligen Publikum aufgefasst werden. Einen Überblick über bekannte vergleichbare Fälle liefert die englische Wikipedia-Seite *Sex verification in sports*[26].

An die Wettkämpfe der beiden Schwestern Tamara und Irina Press kann ich mich selbst noch sehr gut erinnern. Die Berichterstattung über sie und die Meinungen in der Bevölkerung waren überwiegend von Ablehnung bis Verachtung getragen, zumal die beiden Sportlerinnen für die Seite des „Feindes" antraten. Mit Weiß contra Schwarz hat die Sache somit herzlich wenig zu tun. Ganz im Gegenteil: Ich könnte mir vorstellen, dass eine russische Intersexuelle namens „Irina Tolya" mit ähnlichen körperlichen Attributen wie Caster Semenya längst vollständig für alle internationalen Frauenwettkämpfe gesperrt worden wäre. Möglicherweise hätte man in ihr gar eine weitere Facette des russischen Staatsdopings gesehen. Und über demütigende Untersuchungen hinsichtlich ihrer Sexualität hätte man sich in der westlichen Öffentlichkeit

Caster Semenya und die Zukunft des Frauensports

vermutlich ebenfalls nur wenige Gedanken gemacht. Ich erinnere in diesem Zusammenhang an das an systematische Hetze grenzende Verhalten[27] gegenüber der im Grunde völlig arglosen russischen Sportlerin Julija Jefimowa[28], mit dem sich im Kapitel *Julija Jefimowa und der Umgang mit Dopingsündern* auf Seite 17 eingehender beschäftigt wird.

Und neu war die Situation auch hinsichtlich Caster Semenya nicht. Denn spätestens seit ihrem überlegenen Sieg bei der Leichtathletikweltmeisterschaft 2009 in Berlin waren sowohl beim Publikum als auch der Konkurrenz Zweifel hinsichtlich ihres Geschlechts aufgekommen. Der internationale Leichtathletikverband IAAF sperrte sie in der Folge für alle weiteren Frauenwettkämpfe und ordnete eine Überprüfung ihres Geschlechts an. Die bei der Weltmeisterschaft gewonnene Goldmedaille durfte sie behalten.

Am 6. Juli 2010 gab der internationale Leichtathletikverband IAAF bekannt, dass Caster Semenya ab sofort wieder für die Frauenleichtathletik startberechtigt sei[29]. Zusätzlich veröffentlichte er im Mai 2011 neue Richtlinien zur Teilnahmeberechtigung von hyperandrogenen Sportlerinnen an Frauenwettkämpfen[30]. Danach mussten sich Athletinnen, deren Testosteronspiegel nicht unterhalb der für Männer üblichen Werte lag und denen daraus ein Wettbewerbsvorteil gegenüber den anderen Teilnehmerinnen hätte erwachsen können[31], für die Teilnahme an Frauenwettkämpfen einer (androgensenkenden) Hormonbehandlung unterziehen. Im Juni 2012 übernahm schließlich auch das Internationale Olympische Komitee (IOC) die Regelung des IAAF als Richtlinie zum weiblichen Hyperandrogenismus für die Olympischen Sommerspiele 2012 in London[32]. Allerdings hob der Internationale Sportsgerichtshof CAS (*Court of Arbitration for Sport*) im Jahr 2015 die Regelung des IAAF zur Androgenbehandlung hyperandrogener Frauen aufgrund einer Klage der hyperandrogenen indischen Sprinterin Dutee Chand[33] wieder auf und gab dem IAAF zwei Jahre Zeit, die medizinische Notwendigkeit der von ihm geforderten Maßnahmen zu beweisen, zumal der IAAF gemäß CAS angeblich keine ausreichenden Belege vorgelegt hatte, denen zufolge ein erhöhter Testosteronspiegel bei Frauen tatsächlich einen Wettbewerbsvorteil darstellt[34]. Hyperandrogene Sportlerinnen mit erhöhten Testosteronspiegeln dürfen seither wieder ohne jede Behandlung an Wettkämpfen teilnehmen[35]. Die Entscheidung hatte auch Auswirkungen auf die Teilnahmeberechtigung hyperandrogener Frauen an den Frauenwettkämpfen der Olympischen Sommerspiele 2016 in Rio de Janeiro.

Sollte es den Sportverbänden (insbesondere der IAAF) bis zum Jahr 2017 nicht gelingen, die Vorteilhaftigkeit eines erhöhten natürlichen Testosteronspiegels bei hyperandrogenen Frauen unzweifelhaft zu belegen, dürfte der Internationale Sportsgerichtshof CAS die bisherigen Regelungen des IAAF und

6   Caster Semenya und die Zukunft des Frauensports

des IOC zur Teilnahmeberechtigung hyperandrogener Frauen an Frauenwettkämpfen endgültig für nichtig erklären.

Die Bedingungen des CAS an eine Revidierung seines Urteils werden vermutlich nur schwer zu erfüllen sein, denn der verlangte eindeutige Zusammenhang zwischen höherem Testosteronspiegel und höherer Leistung bei hyperandrogenen Frauen lässt sich bestenfalls individuell, nicht jedoch allgemein erbringen. Anders gesagt: Er könnte für Caster Semenya zutreffend sein (wofür bereits die von ihr zwischen 2009 und 2016 gelaufenen Zeiten sprechen, wie andere Quellen vermerkt haben und weiter oben aufgezeigt wurde[36]), deshalb muss er aber noch lange nicht auch für die indische Sprinterin Dutee Chand gelten. Möglicherweise lässt sich lediglich eine Korrelation, nicht jedoch ein ursächlicher und genereller Zusammenhang zwischen erhöhtem Testosteronspiegel und höherer Leistungsfähigkeit bei hyperandrogenen Frauen aufzeigen. Es ist fraglich, ob der Internationale Sportsgerichtshof CAS einen solchen eher schwachen und individuellen Beleg als ausreichend akzeptieren wird. Umgekehrt ließe sich allerdings argumentieren, dass auch nicht jede auf der Dopingliste stehende Substanz bei allen Sportlern gleichermaßen leistungssteigernd wirkt[37]. Bei Dopingsubstanzen scheint man sich mit weniger eindeutigen Belegen zufrieden zu geben.

Tatsächlich geht es im Fall Caster Semenya um einiges, letztlich sogar um die Existenz des Leistungssports für Frauen an sich. Es wäre deshalb höchst unangemessen und gefährlich, den Fall einfach auszusitzen oder auf seiner Grundlage Geschlechterpolitik machen zu wollen.

Wie weiter oben dargelegt wurde, wird die im Mittel größere sportliche Leistungsfähigkeit von Männern wesentlich auf ihren gegenüber Frauen höheren Testosteronspiegel zurückgeführt. Darin wird ihr entscheidender Wettbewerbsvorteil bei sportlichen Auseinandersetzungen gesehen. Wie den Healthline-Tabellen zu entnehmen ist, sind die Unterschiede in den Testosteronspiegeln zwischen erwachsenen Frauen und Männern im Allgemeinen beträchtlich.

Würde man die Geschlechtertrennung im Sport aufgeben und stattdessen nur noch „Menschen" mit- und gegeneinander antreten lassen – wie es im Übrigen in praktisch allen Berufen außerhalb des Sports der Fall ist – dann hätte das in der Praxis zur Folge, dass Frauen im Leistungssport (mit einigen wenigen Ausnahmen wie Reiten, rhythmische Sportgymnastik, Synchronschwimmen etc.) so gut wie keine Chancen mehr besäßen, in einem Wettkampf einen der vorderen Plätze zu belegen oder gar den Titel zu gewinnen. Beispielsweise kam der Achte des Endlaufs über 800-Meter der Männer bei den Olympischen Sommerspielen 2016 in Rio de Janeiro in 1:46,15 Minuten ins Ziel, während die Schnellste bei den Frauen für die gleiche Strecke 1:55,28

Caster Semenya und die Zukunft des Frauensports

Minuten benötigte. Der letzte des Endlaufs bei den Männern war somit deutlich schneller als die schnellste Frau, erhielt dafür jedoch weder Medaillen, Werbeverträge noch öffentliche Aufmerksamkeit. Doch mit welchem Recht?

Wie das Beispiel zeigt, stellt die Geschlechtertrennung im Sport indirekt eine Benachteiligung von Männern dar: Sie müssen mehr leisten, um den gleichen Lohn zu erhalten.

Noch gravierender sieht es im Tennis aus. Bei den Grand Slam-Turnieren spielen die Männer um drei Siegsätze, die Frauen dagegen nur um zwei. Dennoch erhalten beide Geschlechter die gleichen Preisgelder. Männer müssen sich also nicht nur mit den härteren Gegnern auseinandersetzen, sondern sie stehen dabei auch deutlich länger auf dem Platz. Die geringeren Anforderungen haben es vielen Frauen erlaubt, zugleich auch im Doppel anzutreten. Für Männer ist dies im Allgemeinen viel zu anstrengend.

Im Leistungssport wurde somit die eherne Regel der Geschlechtergleichberechtigung – gleicher Lohn für gleiche Leistung – zulasten der Männer und zugunsten der Frauen außer Kraft gesetzt. Streng genommen könnte der aktuelle Zustand als verfassungswidrig angesehen werden. Artikel 3 des Grundgesetzes lautet nämlich:

- Alle Menschen sind vor dem Gesetz gleich.

- Männer und Frauen sind gleichberechtigt. Der Staat fördert die tatsächliche Durchsetzung der Gleichberechtigung von Frauen und Männern und wirkt auf die Beseitigung bestehender Nachteile hin.

- Niemand darf wegen seines Geschlechtes, seiner Abstammung, seiner Rasse, seiner Sprache, seiner Heimat und Herkunft, seines Glaubens, seiner religiösen oder politischen Anschauungen benachteiligt oder bevorzugt werden. Niemand darf wegen seiner Behinderung benachteiligt werden.

Allerdings könnte argumentiert werden, dass Männer insbesondere aufgrund ihres deutlich höheren Testosteronspiegels im Mittel und in der Spitze – keineswegs jedoch individuell – in fast allen Leistungssportdisziplinen (einschließlich Schach) gegenüber Frauen im Vorteil sind. Aus diesem Grund sei es rechtens und sogar geboten (im Sinne einer „Beseitigung bestehender Nachteile"), solche natürlichen Vorteile durch Einführung spezieller Leistungsklassen für Frauen auszugleichen.

Ein Problem dabei ist jedoch: Nirgendwo sonst wird entsprechend argumentiert. Außerhalb des Sports heißt es nämlich stets, Frauen leisteten exakt das gleiche wie Männer. Wird in diesem Zusammenhang dennoch festgestellt, dass etwa Führungspositionen in Unternehmen deutlich häufiger mit Männern als mit Frauen besetzt sind, wird den beteiligten Männern oftmals eine Art heimliche Netzwerktätigkeit beziehungsweise den entscheidungsbefugten „weißen alten Männern"[38] gar eine verdeckte Homosexualität unterstellt, der zufolge sie sich lieber mit ehrgeizigen jungen Männern umgeben als mit gleich qualifizierten jungen Frauen.

Ganz ähnlich sieht es bei anderen beobachtbaren Interessen- und Leistungsunterschieden zwischen den Geschlechtern aus. Beispielsweise wird die Tatsache, dass sich deutlich mehr junge Männer als junge Frauen für Mathematik und Physik interessieren und darin gute bis sehr gute Resultate erzielen, üblicherweise nicht mit natürlichen Unterschieden zwischen den Geschlechtern, sondern mit historischen und sozialen Faktoren erklärt.

Mit anderen Worten: Außerhalb des Sports wird im öffentlichen Diskurs die Existenz tatsächlicher Leistungsunterschiede (im Mittel und in der Spitze) zwischen den Geschlechtern überwiegend geleugnet[39].

Dafür besteht – nebenbei gesagt – sogar fast eine zwingende Notwendigkeit, denn wie sonst wollte man etwa spezifische Frauenquoten für leitende und verantwortungsvolle Positionen (Management, Aufsichtsrat, Hochschulprofessor, Parteiamt, …) begründen? Der Frauensport definiert sich primär als Schutzmaßnahme für die aus natürlichen Gründen benachteiligten Frauen. Nur unter Ausschluss der übermächtigen männlichen Konkurrenz sind Frauen demzufolge in der Lage, ebenfalls Medaillen und Preise in sportlichen Auseinandersetzungen zu gewinnen. Würde bei Frauenquoten im Berufsleben ähnlich argumentiert, dürften die meisten wettbewerbsorientierten Unternehmen sie umgehend als unerwünschten Eingriff in die eigene Geschäftstätigkeit und als denkbare Schwächung ihrer Wettbewerbsfähigkeit zurückweisen.

Wie man sieht, verhalten sich die Vertreterinnen für Frauenrechte ähnlich dualistisch wie die Objekte der Quantenphysik (Welle-Teilchen-Dualismus[40]): Ergeben sich aus ihrer relativen Schwachheit Vorteile (wie beim Sport), bestehen sie auf ihrer weiblichen Schwachheit, ist es umgekehrt, betonen sie ihre eigene Stärke.

Wer im Fall Caster Semenya – wie weiter oben angeführt – meint, die Vorbehalte gegenüber ihren Auftritten und ihrer Teilnahme am Frauensport beruhten auf einem antiquierten beziehungsweise unerwünschten Weiblichkeitsbild, übersieht, dass es exakt dieses Weiblichkeitsbild ist, das es Frauen bislang erlaubt hat, in eigenen professionellen Sportdisziplinen ohne männliche Konkurrenz mit- und gegeneinander anzutreten. Sportlerinnen, die dieses Weiblichkeitsbild infrage stellen, sägen gewissermaßen am Ast, auf dem sie sitzen.

Caster Semenya und die Zukunft des Frauensports

Unabhängig davon wirft der Fall Caster Semenya auch ethische Fragen auf. Leistungssport besteht bekanntlich nicht nur aus den Laufdisziplinen der Leichtathletik, in denen die Wettkämpferinnen zumeist friedlich neben- oder hintereinander her traben, sondern auch aus Wettbewerben, in denen es zwischen den Teilnehmerinnen zu einem erheblichen direkten Körperkontakt kommt.

Wie würde die Öffentlichkeit aber reagieren, wenn Caster Semenya keine 800-Meter-Läuferin, sondern Boxerin wäre. Würde sie ihr zugestehen, ihre Gegnerinnen aufgrund ihrer überlegenen Schlaghärte reihenweise niederzustrecken und möglicherweise schwer zu verletzen (oder gar zu töten), wie es auch bei echten Kämpfen Mann gegen Frau jederzeit möglich ist?[41] Würde die Öffentlichkeit sie nach ihren Siegen genauso feiern wie jetzt als Leichtathletin?

Und was wäre in diesem Fall aus der vielbeschworenen Schutzfunktion des Frauensports vor der übermächtigen Konkurrenz der Männer geblieben? Ich halte es für denkbar, dass die Sportverbände in solchen Fällen mit zahllosen Zivilprozessen mit zum Teil beträchtlichen Schadensersatzforderungen konfrontiert würden.

Schließlich ist vorstellbar, dass Intersexuelle die Bestleistungen in ihren jeweiligen Disziplinen in Bereiche hin entwickeln könnten, wo sie für echte Frauen mit herkömmlichen weiblichen Androgenspiegeln für alle Zeiten unerreichbar bleiben. Es gibt nicht wenige Stimmen, die Caster Semenya schon jetzt zutrauen, einen entsprechenden Weltrekord laufen zu können, sie habe sich bislang lediglich aus sportpolitischen Gründen noch zurückgehalten[42]. Die Weltrekordinhaberin im Marathon der Frauen, Paula Radcliffe[43], äußerte sich ähnlich besorgt[44].

Bei einer Zulassung von Intersexuellen im Frauensport dürfte man sich in den Sportverbänden folglich zukünftig mit vielen weiteren grundsätzlichen Fragen auseinandersetzen müssen.

Im Rahmen der Kontroverse um Caster Semenya wurde gelegentlich angemerkt, dass auch bei den Männern immer wieder Sportler in Erscheinung getreten sind, die über ausgeprägte natürliche Vorteile gegenüber ihrer gesamten Konkurrenz verfügten und die Wettbewerbe nach Belieben dominierten. Mal waren sie besonders groß oder schwer, mal besaßen sie bessere und schnellere Muskeln, ein weiteres Mal verfügten sie über überragende Lungenfunktionen etc. Fast rhetorisch wurde die Frage in den Raum geworfen, ob man solche Personen in Zukunft ebenfalls vom Wettkampf ausschließen wolle, wie es bei Caster Semenya offenbar angedacht sei.

Solche Fragen und Auffassungen gehen restlos am eigentlichen Problem vorbei. Im Sport existieren sowohl offene als auch geschlossene Wettbewerbsklassen. Die der Männer ist zumeist eine offene Klasse (jeder darf teilnehmen, selbst Frauen, wie das Beispiel Judit Polgár[45] im Schach gezeigt hat), die der Frauen dagegen eine geschlossene (es dürfen nur Frauen teilnehmen). Es stellt sich dann unmittelbar die Frage, was genau eine Frau ist (beziehungsweise wo „Frau" endet und „Mann" beginnt). Anders gesagt: Man steht vor dem Problem, ein Kontinuum an unterschiedlichen Geschlechtsausprägungen auf die binäre Aufteilung Männer- versus Frauensport abzubilden. Die Formulierung macht unmittelbar deutlich, dass es hierbei um eine Problemstellung geht, die keineswegs die Frauen allein betrifft und somit auch nicht unter Ausschluss der Männer gelöst werden kann und sollte.

Geschlossene Wettbewerbsgruppen stellen für ihre Mitglieder Vorteile dar (und keineswegs Benachteiligungen, wie gern behauptet wird), denn man kann darin in einem geschützten Umfeld Preise, Geld und öffentliche Aufmerksamkeit gewinnen, was den Teilnehmern im Allgemeinen sonst nicht möglich wäre (siehe die Argumentation weiter oben zur Begründung des Frauensports).

Auch bei Männern existieren geschlossene Wettbewerbsklassen. Dazu zählen unter anderem die Gewichtsklassen beim Boxen, Ringen etc. Des Weiteren existieren verschiedene Altersklassen. Die offene Klasse stellt in diesem Kontext das Schwergewicht[46] dar, in dieser darf ab einem ausreichenden Alter jeder teilnehmen. Ein Leichtgewichtler könnte folglich auch im Schwergewicht antreten (obwohl ich ihm das nicht anraten möchte), ein Schwergewichtler umgekehrt jedoch nicht. Die Teilnahmefähigkeit an einer Gewichtsklasse ist leicht zu bestimmen, und zwar durch wiegen des Körpergewichts.

Ansonsten werden natürliche Vorteile im Sport ausgesprochen gern gesehen. Usain Bolt[47] wird für seine natürliche (und keineswegs nur auf Training beruhende) Überlegenheit sogar regelrecht angehimmelt. In einer Videoaufzeichnung war zu sehen, wie er während einer Autogrammstunde unbeabsichtigt die Hand eines weiblichen Fans berührte. Die unverhofft Beglückte machte daraufhin ein Gesicht, als wäre ihr eine göttliche Segnung zuteilgeworden. Leistungssport ist so ziemlich das genaue Gegenteil eines Sozialstaates. Ungleichheit ist sein Ziel.

Bei der Frage, ob Caster Semenya im 800-Meter-Lauf der Frauen antreten darf, geht es jedoch primär nicht um ihre außergewöhnlich großen natürlichen Leistungsunterschiede gegenüber ihren Konkurrentinnen, sondern vor allem darum, ob sie die Kriterien der geschlossenen Wettbewerbsklasse "Frauen" (zu denen die Zugehörigkeit zum weiblichen Geschlecht zählt), erfüllt.

Caster Semenya und die Zukunft des Frauensports

Da der Frauensport (ähnlich wie das Leichtgewicht im Boxen) seine Existenzberechtigung aus dem Schutz der Teilnehmer (in diesem Fall der Frauen) zieht, sind die Teilnahmekriterien nach meinem Verständnis eher eng und streng zu halten, anstatt sie sukzessive zu verwässern. Mit anderen Worten: Der Frauensport sollte meiner Meinung nach für echte Frauen reserviert bleiben, nur so können sie wirklich geschützt werden. Intersexuelle müssten demnach in der offenen Klasse, das heißt bei den Männern starten. Ich halte dies für vertretbar, da auch die meisten Männer selbst mit der besten Ernährung und dem besten Training nicht einmal ansatzweise in der Lage wären, an die Leistungen der besten (echten) Frauen heranzureichen[48]. Beispielsweise hätte ich in meiner Jugendzeit auch mit den größten Anstrengungen und dem intensivsten Training niemals ähnliche Zeiten wie Heike Ecker-Rosendahl[49] laufen können. Warum also sollten Männer im Sport stärker benachteiligt werden als Intersexuelle?

Und schließlich ist auch noch der Zuschauer zu berücksichtigen. Leistungssport stellt keinen Selbstzweck dar, sondern vielfach handelt es sich um Big Business. Viele Sportarten haben sich in den letzten Jahren darum bemüht, attraktiver für den Zuschauer und insbesondere telegener zu werden. Einigen Sportarten wie Biathlon scheint dies gelungen zu sein.

Allerdings interessieren sich Männer im Allgemeinen wesentlich stärker für Sport als Frauen[50]. Selbst beim Frauensport folgen deutlich mehr Männer den Fernsehübertragungen als Frauen.

Für die meisten männlichen TV-Zuschauer beim Frauensport ist es durchaus wesentlich, dass die wettkämpfenden Frauen tatsächlich Frauen sind, wie Frauen aussehen und sich wie solche verhalten. Besonders weibliche Typen unter den (erfolgreichen) Teilnehmerinnen erhöhen für sie nicht selten die Attraktivität einer Sportart. Den meisten männlichen Zuschauern ist zum Beispiel wohlbewusst, dass im Frauenfußball eine viel schwächere Leistung geboten wird als bei den Männern. Diese gestehen sie den Sportlerinnen im Allgemeinen aber nur zu, solange diese dabei noch immer – im Sinne eines „antiquierten" Weiblichkeitsbildes – weiblich wirken. Man mag dies bedauern oder gar verurteilen, ändern wird man es nicht.

Die mehr oder weniger unverhüllte Darstellung einiger Sportlerinnen in einem Männermagazin vor der Olympiade 2016 in Rio de Janeiro wie beispielsweise der Tischtennisspielerin Petrissa Solja[51] [52] war deshalb auch ein Ausdruck von Professionalität und Zuschauerbezogenheit. Solche Sportlerinnen haben im besonderen Maße verstanden, dass es im Leistungssport unter anderem darum geht, Interesse zu wecken und Zuschauer zu gewinnen. Indirekt folgen sie der ehernen Marktlogik, gemäß der eine schwächere Leis-

Caster Semenya und die Zukunft des Frauensports

tung (oder ein schwächeres Produkt) nur dann an den „Mann" gebracht werden kann, wenn zugleich andere Vorteile (niedrigerer Preis, hübschere Verpackung, Show, Marke etc.) geboten werden. Im Grunde ist sich heute jedes Schlagersternchen dessen bewusst. Allerdings soll damit keineswegs gesagt werden, dass sich jede Sportlerin zukünftig in Männermagazinen entkleiden sollte, sondern lediglich, dass alles, was ihre Weiblichkeit betont, dazu beitragen kann, den Sport attraktiver zu machen. Das gilt im Übrigen auch für die Nachwuchsgenerierung. Junge Frauen werden sich viel eher für die jeweilige Sportdisziplin gewinnen lassen, wenn es darin Vorbilder gibt, an denen sie sich orientieren können und wollen.

Man betrachte im Kontrast dazu die Kommentare auf YouTube zum 800-Meter-Finale der Frauen bei der Olympiade 2016 in Rio de Janeiro[53]. Sie offenbaren in aller Deutlichkeit, dass man mit solchen Wettbewerben einen Großteil der Zuschauer und Sportinteressierten verlieren wird.

---

1 https://de.wikipedia.org/wiki/Julija_Andrejewna_Jefimowa

2 https://de.wikipedia.org/wiki/Caster_Semenya

3 Die Olympiasiegerin von London, die Russin Marija Sawinowa, wird ihre Goldmedaille wegen ihrer Verwicklung in das russische Staatsdoping verlieren, zumal ein Handy-Video vorliegt, in dem sie über die Einnahme von Dopingmitteln inklusive des anabolen Steroids Oxandrolon berichtet. Siehe DW, Stefan Nestler, 03.12.2014: Doping. Schwere Dopingvorwürfe gegen Russland, http://www.dw.com/de/schwere-dopingvorw%C3%BCrfe-gegen-russland/a-18108311; https://de.wikipedia.org/wiki/Oxandrolon

4 Sportschau, 20.08.2016: Umstrittene Semenya holt Gold über 800 Meter | Rio 2016 |, https://www.youtube.com/watch?v=7BFhcwk4ryM

5 https://de.wikipedia.org/wiki/Francine_Niyonsaba

6 https://en.wikipedia.org/wiki/Margaret_Wambui

7 Bluewin.ch, 21.08.2016: Das intersexuelle Podium sorgt für Tränen bei der Konkurrenz, https://www.bluewin.ch/de/sport/olympische-spiele/teleclub-artikel/2016/08/drei-intersexuelle-auf-dem-podest.html

8 SABC, 18.04.2016: Thomas Mlambo interviews 800m silver Olympic medalist Caster Semenya, https://www.youtube.com/watch?v=RiNzx46r_FE

9 The Daily Telegraph, 11.09.2009: Caster Semenya has male sex organs and no womb or ovaries, http://www.dailytelegraph.com.au/sport/semenya-has-no-womb-or-ovaries/story-e6frexni-1225771672245

10 https://de.wikipedia.org/wiki/Intersexualit%C3%A4t (abgerufen am 28.08.2016)

11 Healthline, written by Alexia Severson and R. Sam Barclay, medically Reviewed by Steven Kim, MD on 23. März 2015: Testosterone Levels by Age, http://www.healthline.com/health/low-testosterone/testosterone-levels-by-age

12 Med4you Roman von H. Kohlmann, Dipl. MTA Maria Zeilinger, letzte Änderung 2003-01-07: Testosteron Referenzbereiche ("Normalbereiche") Plasma/Serum, http://www.med4you.at/laborbefunde/referenzwerte/referenzbereiche_testosteron.htm

13 The Daily Telegraph, 11.09.2009: Caster Semenya has male sex organs and no womb or ovaries, http://www.dailytelegraph.com.au/sport/semenya-has-no-womb-or-ovaries/story-e6frexni-1225771672245

14 MEDMIX, 06.12.2015: Dutee Chand thematisierte Testosteron bei Frauen, http://www.medmix.at/dutee-chand-thematisiert-testosteron-bei-frauen/

15 Nature, Joanna Marchant, 14.04.2011: Women with high male hormone levels face sport ban. Nature explains the science behind new sex-testing rules for athletes, http://www.nature.com/news/2011/110414/full/news.2011.237.html

16 The Guardian, Sisonke Msimang, 24.08.2016: Caster Semenya is the one at a disadvantage, https://www.theguardian.com/world/2016/aug/24/caster-semenya-is-the-one-at-a-disadvantage

17 http://www.independent.co.uk/voices/caster-semenya-rio-2016-gold-800m-intersex-gender-femininity-doesnt-look-the-way-we-want-a7203506.html

18 This Is Africa, 22.08.2016: Twitter reacts to Lynsey Sharp's controversial comment after Semenya's victory, http://thisisafrica.me/twitter-reacts-lynsey-sharps-controversial-comment-semenyas-victory/

19 The Sun, Andrew Richardson, 22.08.2016: 'INTERSEX' FURY Rio Olympics: Lynsey Sharp reigntes gender row over Caster Semenya and faces furious Twitter backlash for comments, https://www.thesun.co.uk/sport/rio-olympics-2016/1651837/rio-olympics-lynsey-sharp-reigntes-gender-row-over-caster-semenya-and-faces-furious-twitter-backlash-for-comments/

20 This Is Africa, 22.08.2016: Twitter reacts to Lynsey Sharp's controversial comment after Semenya's victory, http://thisisafrica.me/twitter-reacts-lynsey-sharps-controversial-comment-semenyas-victory/

21 Kaum kritisiert wurde hingegen das extrem unsportliche Verhalten der US-amerikanischen Schwimmerin Lilly King gegenüber der Russin Julija Jefimowa, siehe https://www.washingtonpost.com/sports/olympics/in-villifying-russian-swimmer-yulia-efimova-americans-are-splashing-murky-waters/2016/08/10/0ccdba8a-5eef-11e6-8e45-477372e89d78_story.html

22 https://de.wikipedia.org/wiki/Stanis%C5%82awa_Walasiewicz

23 https://de.wikipedia.org/wiki/Tamara_Press

24 https://de.wikipedia.org/wiki/Irina_Press

25 The New York Times, 23.01.1981: Report Says Stella Walsh; Had Male Sex Organs, http://www.nytimes.com/1981/01/23/sports/report-says-stella-walsh-had-male-sex-organs.html

26 https://en.wikipedia.org/wiki/Sex_verification_in_sports

27 FOCUS Online, Marco Plein, 10.08.2016: ARD und ZDF bejubeln Russland-Gegner. Fragwürdiger Umgang mit Dopern, http://www.focus.de/sport/olympia-2016/ard-und-zdf-bejubeln-russland-gegner-fragwuerdiger-umgang-mit-dopern_id_5811187.html

28 https://de.wikipedia.org/wiki/Julija_Andrejewna_Jefimowa

29 IAAF, 06.07.2010: Caster Semenya may compete, https://www.iaaf.org/news/iaaf-news/caster-semenya-may-compete

30 Leichtathletik.de, Anja Herrlitz, 12.04.2011: IAAF legt Geschlechterregel fest, https://www.leichtathletik.de/news/news/detail/iaaf-legt-geschlechterregel-fest/

31 Bei manchen Formen des weiblichen Hyperandrogenismus wird angenommen, dass die höheren Testosteronspiegel keinen Wettbewerbsvorteil an sich bedeuten, sodass sich diese Frauen auch keiner Hormonbehandlung unterziehen müssen, um starten zu dürfen. Bei Caster Semenya darf aufgrund ihrer Wettkampfergebnisse zwischen den Jahren 2009 und 2016 jedoch davon ausgegangen werden, dass in ihrem Fall höhere Testosteronspiegel von Vorteil sind.

32 IOC, 22.06.2012: IOC Regulations on Female Hyperandrogenism. Games of the XXX Olympiad in London, 2012, https://stillmed.olympic.org/Documents/Commissions_PDFfiles/Medical_commission/2012-06-22-IOC-Regulations-on-Female-Hyperandrogenism-eng.pdf

33 https://en.wikipedia.org/wiki/Dutee_Chand

34 The Conversation, Daryl Adair, 24.08.2016: The price of victory: Caster Semenya again on trial, https://theconversation.com/the-price-of-victory-caster-semenya-again-on-trial-64366

35 MEDMIX, 06.12.2015: Dutee Chand thematisierte Testosteron bei Frauen, http://www.medmix.at/dutee-chand-thematisiert-testosteron-bei-frauen/

36 The Conversation, Daryl Adair, 24.08.2016: The price of victory: Caster Semenya again on trial, https://theconversation.com/the-price-of-victory-caster-semenya-again-on-trial-64366

Caster Semenya und die Zukunft des Frauensports

37 Beispielsweise wurde die russische Schwimmerin Julija Jefimowa 2013 für die Einnahme der verbotenen Substanz DHEA für 16 Monate gesperrt. Ein Dopingeffekt des Wirkstoffs ist jedoch zumindest umstritten: Römmler, Alexander (2004): DHEA ist kein Dopingmittel. Indikationen und Effekte einer Replacement-Therapie in der Adrenopause. ÄP UrologieNephrologie 1/Januar-Februar 2004, S. 12-13, http://www.alexanderroemmler.com/uploads/tx_sbdownloader/2004_Roemmler_A._DHEA_kein_Doping__AErztl.Praxis.pdf;
Pharmazeutische Zeitung Online, Wilfried Dubbels, Ausgabe 6/2000: Prohormone. Doping oder harmlose Nahrungsergänzungsmittel, http://www.pharmazeutische-zeitung.de/index.php?id=pharm5_06_2000
Siehe auch das Kapitel *Julija Jefimowa und der Umgang mit Dopingsündern* auf Seite 17.

38 Süddeutsche Zeitung, Peter Richter, 21.08.2016: Alten-Bashing. "We*ße alte Männer nerven!", http://www.sueddeutsche.de/kultur/alten-bashing-botox-der-jugend-1.3130208

39 Obwohl sie tatsächlich existent sind, wie zahlreiche Untersuchungen ergeben haben.

40 https://de.wikipedia.org/wiki/Welle-Teilchen-Dualismus

41 Die meisten Männer dürften solche Auseinandersetzungen von vornherein ablehnen, denn für sie gilt noch immer die Regel: Eine Frau schlägt man nicht.

42 FAZ, Michael Reinsch, 20.08.2016: Läuferin aus Südafrika. Der Fall Semenya entzweit die Leichtathletik, http://www.faz.net/aktuell/sport/olympia/der-fall-caster-semenya-entzweit-die-leichtathletik-auch-bei-olympia-in-rio-14396594.html

43 https://de.wikipedia.org/wiki/Paula_Radcliffe

44 Mail Online, Marth Kelner, 22.07.2016: Paula Radcliffe insists the rights of Olympic 800m gold medal favourite Caster Semenya need to be balanced with other athletes, http://www.dailymail.co.uk/sport/olympics/article-3703855/If-Caster-Semenya-wins-Olympic-800m-gold-taint-Rio-Paula-Radcliffe-slams-South-African-s-inclusion.html

45 Judit Polgár ist die wohl beste Schachspielerin aller Zeiten. Da es ihr bei den Frauen an einer genügenden Zahl an halbwegs gleichwertigen Gegnerinnen mangelte, entschied sie sich, zukünftig fast ausnahmslos bei den Männern anzutreten. Siehe: https://de.wikipedia.org/wiki/Judit_Polg%C3%A1r

46 https://en.wikipedia.org/wiki/Heavyweight

47 https://de.wikipedia.org/wiki/Usain_Bolt

48 Es ist nachvollziehbar, dass intersexuelle beziehungsweise hyperandrogene Sportlerinnen ausschließlich darum bestrebt sind, an Frauen- statt an Männerwettkämpfen teilnehmen zu dürfen, denn dort haben sie deutlich größere Chancen, eine gute Platzierung zu belegen oder gar einen Sieg zu erringen. Wie alle Lebewesen sind sie primär um komparative Kom-

Caster Semenya und die Zukunft des Frauensports

petenzverlustvermeidung bemüht, vergleiche Mersch, Peter (2016): Die egoistische Information. Eine Theorie des Lebens. Norderstedt: Books on Demand.

49 https://de.wikipedia.org/wiki/Heide_Ecker-Rosendahl

50 Quotenmeter.de, Manuel Nunez Sanchez, 09.02.2014: Publikum großer Sender meist weiblich, http://www.quotenmeter.de/n/68929/publikum-grosser-sender-meist-weiblich

51 https://de.wikipedia.org/wiki/Petrissa_Solja

52 DIE WELT, 10.08.2016: "PLAYBOY"-FOTOS. Fünf deutsche Olympiastars lassen die Hüllen fallen, http://www.welt.de/sport/olympia/article157590922/Fuenf-deutsche-Olympiastars-lassen-die-Huellen-fallen.html

53 Sportschau, 20.08.2016: Umstrittene Semenya holt Gold über 800 Meter | Rio 2016 |, https://www.youtube.com/watch?v=7BFhcwk4ryM

Julija Jefimowa und der Umgang mit Dopingsündern

Eines der bestimmenden Themen während der Olympischen Sommerspiele 2016 in Rio de Janeiro war Doping unter Athleten. Angesichts der Veröffentlichungen rund um das russische Staatsdoping richtete sich die Aufmerksam verstärkt auf die bei der Olympiade startenden russischen Sportler und Sportlerinnen. Dabei avancierte die russische Brustschwimmerin Julija Jefimowa (Yuliya Yefimova/Efimova)[54] geradewegs zum Poster-Girl und Symbol[55] [56] aller Dopingsünder und des systematischen Dopings. Im Laufe der Schwimmwettbewerbe sah sie sich mit Berichterstattungen und Nachstellungen aufseiten der Medien konfrontiert, die an öffentliche Bloßstellung und Hetze grenzten. Bemerkenswert war die starke Beteiligung der öffentlich-rechtlichen Sender an der allgemeinen Hatz, zum Teil mit deutlicher Unterstützung der beiden früheren Schwimmstars Franziska van Almsick[57] und Kristin Otto[58], obwohl Letzterer schon seit Längerem eine eigene Dopingvergangenheit unterstellt wird[59]. Vor laufender Kamera wurde die litauische[60] Brustschwimmerin und Goldmedaillengewinnerin von London[61] Rūta Meilutytė[62] regelrecht genötigt, sich negativ über ihre Konkurrentin zu äußern[63]. Und beim Finale über 100 m Brust versuchte ARD-Kommentator Uwe Bartels die US-amerikanische Schwimmerin Lilly King[64] fast schon im Stile eines glühenden Fans zur Goldmedaille voranzutreiben[65] [66].

Julija Andrejewna Jefimowa

Schließlich stimmten mehr und mehr Journalisten und Sportler in das allgemeine Russland- und Jefimowa-Bashing ein, ein bekanntes und probates Mittel, um Zugehörigkeit zur „richtigen" und „wichtigen" Seite zu dokumentieren. Die Medienwissenschaft bezeichnet entsprechende kollektive Verhaltensmuster als Schweigespiralen[67] (gemäß Elisabeth Noelle-Neumann[68]), die Systemische Evolutionstheorie als komparative Kompetenzverlustvermeidung[69].

Als charakteristisch für die allgemeine Stimmungsmache gegen Jefimowa kann die folgende, in der Frankfurter Allgemeinen Zeitung (FAZ) veröffentlichte Meinung angesehen werden[70]:

> Kein Start aber provoziert die Konkurrenz so sehr wie jener von Julija Jefimowa. Die 24 Jahre alte Schwimmerin, die schon an diesem Sonntag bei den Vorläufen

18 Julija Jefimowa und der Umgang mit Dopingsündern

über 100 Meter Brust ins Becken springen wird, ist zur Symbolfigur des manifestierten Doping-Verdachts im russischen Schwimmen geworden. Nachdem 2013 Spuren des Steroids DHEA bei ihr gefunden worden waren, wurde sie für 16 Monate gesperrt – die Sperre endete so rechtzeitig, dass sie bei der Weltmeisterschaft in Kasan im vergangenen August siegen konnte. (…)

Welche Emotionen Julija Jefimowas schiere Präsenz bei Olympia freisetzt, zeigt zum Beispiel die Reaktion der früheren amerikanischen Weltklasse-Schwimmerin und heutigen Grundschullehrerin Kristy Kowal. Sie twitterte: „Are you fu@&ing kidding me @fina1908. You have no balls." Jugendfrei übersetzt: „Wollt ihr mich veräppeln, Fina? Ihr seid feige."

Mit keinem Wort werden die US-amerikanischen ehemaligen (zum Teil mehrfachen und absichtlichen) Dopingsünder Justin Gatlin[71] und Tyson Gay[72][73], die ebenfalls bei der Olympiade 2016 in Rio de Janeiro startberechtigt waren, erwähnt. Kein Wort wird dem US-amerikanischen 400-Meter-Läufer LaShawn Merritt[74] gewidmet, der zwischen Oktober 2009 und Januar 2010 wie Jefimowa in 2013 positiv auf DHEA getestet worden war[75], und dessen zweijährige Sperre später exakt so reduziert wurde, dass er bei den Leichtathletikweltmeisterschaften 2011 in Daegu (Südkorea) rechtzeitig wieder startberechtigt war[76]. Keine der beiden folgenden Olympischen Spiele (2012 in London; 2016 in Rio de Janeiro) versäumte er.

Und es fällt erst recht kein Wort über die ehemalige Weltrekordlerin über 100 m Brust, Jessica Hardy[77][78], die im Jahr 2008 bei den US-amerikanischen Olympiatrials positiv auf das Dopingmittel Clenbuterol[79] getestet wurde. Über ihre anschließende Dopingstrafe und die darauf folgenden Rechtsprozesse berichtete dpa[80]:

Die 2008 des Dopings überführte US-Schwimmerin Jessica Hardy hat vor dem Internationalen Sportgerichtshof in Lausanne einen Teilerfolg errungen. Die Sportrichter wiesen einen Antrag der Welt-Anti-Doping-Agentur (WADA) zurück, die Sperre für die 23-Jährige von einem Jahr auf zwei Jahre auszudehnen. Hardy war bei der US-Ausscheidung für die Olympischen Spiele 2008 in Peking positiv auf das Asthmamittel Clenbuterol getestet und daraufhin gesperrt worden. Offen ließ der CAS, ob Hardy an den Olympischen Spielen 2012 in London an den Start gehen kann. Die Schwimmerin hatte nach dem positiven Dopingbefund die Spiele in Peking verpasst. Vor einem amerikanischen Gericht konnte sie die zunächst für zwei Jahre ausgesprochene Sperre um die Hälfte reduzieren. Damit fand sich jedoch die WADA nicht ab und zog vor den CAS. Ziel dieser Beschwerde war die nachträgliche Verlängerung der Sperre bis Juli 2010 sowie ein vorzeitiger Ausschluss der Schwimmerin von den Spielen in London. Dies sieht die Charta des Internationalen Olympischen Komitees (IOC) für Fälle vor, in denen ein Sportler mindestens sechs Monate vor Olympia positiv getestet wurde.

Julija Jefimowa und der Umgang mit Dopingsündern

Hardy hatte nach Ablauf ihrer Sperre im Juli 2009 mehrere Weltrekorde im Brustschwimmen aufgestellt.

Mit anderen Worten: Jessica Hardys Dopingstrafe wurde nicht wie bei Jefimowa von zwei Jahre auf 16 Monate, sondern durch ein amerikanisches Gericht (und nicht etwa durch den Schwimmverband FINA oder die Weltdopingagentur WADA) auf 12 Monate reduziert, obwohl bei ihr das starke und auch kurzfristig wirkende Dopingmittel Clenbuterol nachgewiesen worden war. Wie im Laufe des vorliegenden Artikels noch näher erläutert wird, nahm Jefimowa den Wirkstoff DHEA (Dehydroepiandrosteron)[81] unbeabsichtigt als Bestandteil eines Nahrungsergänzungsmittels ein. Hinzu kommt, dass DHEA von der US-amerikanischen Arzneimittelbehörde FDA als in etwa so unbedenklich eingestuft wird, wie eine Kombination aus Aspirin und Coffein (die zweifellos auch leistungssteigernd wirken kann), zumal es sich um ein natürlich im menschlichen Organismus vorkommendes Prohormon handelt. Konsequenterweise ist DHEA in den USA – anders als in Deutschland – frei verkäuflich. Es kann selbst von Kindern rezeptfrei und in beliebiger Dosierung in Supermärkten und bei Onlinehändlern erworben werden[82]. Bei Clenbuterol ist dies nicht der Fall. Ferner ist umstritten, ob DHEA überhaupt ein echtes Dopingmittel ist[83] [84]. In einer neueren wissenschaftlichen Veröffentlichung heißt es beispielsweise, dass in bislang keiner einzigen Studie ein leistungssteigernder Effekt von DHEA bei Leistungssportlern nachgewiesen werden konnte[85]. Möglicherweise ist aber dennoch ein gewisser langfristiger Dopingeffekt bei regelmäßiger Einnahme über einen längeren Zeitraum erzielbar, mehr aber auch nicht. In Ländern mit einem funktionierenden Dopingkontrollsystem schließt das eine absichtliche, heimliche Einnahme des Wirkstoffs als Dopingmittel bereits aus praktischen Gründen aus (denn nur bei regelmäßiger langfristiger Einnahme kann überhaupt mit einer leistungssteigernden Wirkung gerechnet werden). Und wie nicht anders zu erwarten war, wurde Jefimowas (unbeabsichtigte) Einnahme von DHEA schon bald nachgewiesen[86].

Man mag dies alles so hinnehmen, selbstverständlich ist die Situation jedoch nicht. Beispielsweise hob der Internationale Sportsgerichtshof CAS im Jahr 2015 die Regelung des Internationalen Leichtathletikverbands IAAF zur Androgenbehandlung hyperandrogener Frauen auf, da angeblich keine ausreichenden Belege dafür vorlägen, dass ein erhöhter Testosteronspiegel bei Frauen tatsächlich einen Wettbewerbsvorteil darstellt[87]. Dies führte zu der grotesken Situation, dass die südafrikanische 800-Meter-Läuferin Caster Semenya[88] mit einem Männern gleichenden natürlichen Testosteronspiegel am olympischen 800-Meter-Lauf für Frauen in Rio de Janeiro teilnehmen durfte (siehe das Kapitel *Caster Semenya und die Zukunft des Frauensports* auf Seite 1), während die Teilnahme der russische Schwimmerin Julija Jefimowa an den olympischen Brustschwimmwettbewerben aufgrund ihrer früheren (2013) kurzzeitigen unbeabsichtigten Einnahme von DHEA (das zwar auf der Dopingliste steht, dessen leistungssteigernde Wirkung bei Leistungssportlern aber tatsächlich völlig ungeklärt ist) bis unmittelbar vor ihrem ersten Start infrage gestellt war.

Von swimsportnews.de wurden die Julija Jefimowa betreffenden Vorgänge im Zusammenhang mit der Ahndung des russischen Staatsdopings wie folgt zusammengefasst[89]:

> Russland wurde nicht komplett für Olympia gesperrt. Man einigte sich aber darauf, dass die FINA Sportler des Landes, die bereits einmal wegen Dopings überführt wurden, nicht in Rio starten lassen wird. Wieder war Efimova unter diesen Athleten und erneut wusste sie alle rechtlichen Mittel zu nutzen. Bis zum Abend vor ihrem ersten Start in Rio war noch ungewiss, ob Efimova tatsächlich antreten wird.

Mit anderen Worten: Julija Jefimowa sollte ursprünglich von den Olympischen Sommerspielen 2016 in Rio de Janeiro ausgeschlossen werden, weil sie im Jahr 2013 (!) positiv auf DHEA getestet worden war. Dies entsprach gewissermaßen der früheren Regel 45 („Osaka-Regel") der Olympischen Charta, die besagte, dass ein Athlet, der länger als sechs Monate wegen eines Dopingvergehens gesperrt war, bei den nächsten Olympischen Spielen nicht teilnehmen darf. Dagegen hatte der Olympiasieger im 400-Meter-Lauf von Peking 2008 LaShawn Merritt vor dem Internationalen Sportgerichtshof CAS geklagt und Recht behalten. Die Begründung des CAS wurde in den Medien wie folgt wiedergegeben[90]:

> Die am 27. Juni 2008 beschlossene Osaka-Regel verstoße gegen den Code der Welt-Antidopingagentur (WADA), begründete das dreiköpfige CAS-Gremium seine Entscheidung. In dem Vertragswerk, das auch vom IOC unterzeichnet wurde, ist eine Höchststrafe von zwei Jahren für ein Dopingvergehen festgelegt. Durch die Osaka-Regel, so der CAS, könnten Athleten bis zu drei Jahren gesperrt werden beziehungsweise unzulässigerweise doppelt bestraft werden.

Eine Nichtzulassung von Jefimowa bei den Olympischen Spielen 2016 in Rio de Janeiro aus den in der oben erwähnten Einigung zur olympischen Ahndung des russischen Staatsdopings genannten Gründen (es dürfen diejenigen russischen Sportler nicht starten, die schon einmal wegen Dopings überführt wurden) hätte unmittelbar gegen die in der Zurückweisung der Osaka-Regel angeführten Gründe des Internationalen Sportgerichtshofs CAS verstoßen. Aus Sicht des CAS war sie deshalb zwangsläufig rechtswidrig. Es war folglich alles andere als überraschend, dass der Ausschluss Jefimowas von den Olympischen Spielen in Rio de Janeiro vom CAS wieder gekappt wurde. Die Entscheidung,

Julija Jefimowa und der Umgang mit Dopingsündern

dass sie doch starten darf, fiel erst am Vorabend ihres ersten olympischen Auftritts. Dass sie bei zwei olympischen Einzelstarts dennoch zweimal die Silbermedaille gewann, grenzt unter diesen Umständen fast an ein Wunder.

Julija Jefimowas DHEA-Dopingfall (2013) war im Vergleich zu Jessica Hardys Clenbuterol-Dopingfall (2009) der deutlich harmlosere, trotzdem wurde sie länger als Hardy gesperrt. Warum dies weder vom Redakteur der Frankfurter Allgemeinen Zeitung Christoph Becker noch von der von ihm zitierten ehemaligen Weltmeisterin über 100 m Brust Kristy Kowal[91] thematisiert und problematisiert wurde, bleibt allein ihr Geheimnis. Und auch sonst schien es niemanden gestört zu haben[92], dass Jessica Hardy unmittelbar nach Ablauf ihrer Dopingsperre erneut Weltrekorde schwamm und bei den Olympischen Sommerspielen 2012 in London unbehelligt teilnehmen und Medaillen gewinnen konnte.

Der zitierte Artikel der Frankfurter Allgemeinen Zeitung ist folglich in mehrerer Hinsicht manipulativ (das heißt, er verschweigt oder verdreht Fakten, die von den meisten Lesern nur mit unverhältnismäßig großem Aufwand selbst recherchiert werden können):

1. Er lässt den Leser im Unklaren über den bei Jefimowa festgestellten freiverkäuflichen Wirkstoff DHEA.
2. Er ignoriert, dass es exakt in ihrer Sportdisziplin bereits wesentlich gravierendere Dopingfälle gab, in denen mit den Betroffenen deutlich konzilianter umgegangen wurde.
3. Er verschweigt, dass die Sportverbände und Dopingagenturen den DHEA-Dopingfall von LaShawn Merritt keineswegs weniger „wohlwollend" als den von Jefimowa abgehandelt hatten.

Doch auch ohne solche Feinheiten stellt die russische Schwimmerin Julija Jefimowa ein denkbar ungeeignetes Beispiel (oder gar „Symbol") für systematisches Doping dar, wie im Anschluss an die Schwimmwettbewerbe der Olympischen Sommerspiele 2016 in Rio de Janeiro gleich mehrere Artikel in US-amerikanischen Qualitätsmedien betonten[93] [94]:

- Gegen sie wurde bislang kein einziger schwerwiegender Dopingvorwurf erhoben. Dies soll auf den nächsten Seiten näher belegt werden.
- Seit beinahe zehn Jahren produziert sie recht konstante, äußerst nachvollziehbare Leistungen. Man kennt von ihr weder Fabelweltrekorde à la Almaz Ayana[95], Katie Ledecky[96], Katinka Hosszú[97] oder Adam Peaty[98], Goldmedaillenfluten und ultrakurze Erholungszeiten wie bei Michael Phelps[99] noch völlig unerwartete Glanzleistungen wie von Mónica Puig[100]. Beispielsweise schwamm sie bei ihrem Silbermedaillengewinn über 200 m

Brust 2016 in Rio de Janeiro eine etwas schlechtere Zeit (2:21,97 Minuten) als bei ihrer olympischen Bronzemedaille 2012 in London über die gleiche Distanz (2:20,92 Minuten).

Vergleicht man die von ihr bei Olympiaden und Weltmeisterschaften seit 2012 geschwommenen Zeiten, lässt sich vor allem eins sagen: Sie schwimmt unabhängig davon, ob ihr aktuell Doping unterstellt wird oder nicht, fast immer in etwa die gleichen Zeiten. Aufgrund späterer Erkenntnisse zu ihrem Meldoniumfall könnte durchaus vermutet werden, dass sie zumindest während der Schwimmweltmeisterschaften 2015 in Kasan (Russland) unter der Einnahme des zu Beginn des Jahres 2016 auf die Dopingliste gesetzten Wirkstoffs Meldonium stand (ich komme auf diesen Punkt noch zurück). Sie gewann den Weltmeistertitel über 100 m Brust damals in einer Zeit von 1:05,66 Minuten. Dies ist eine geringfügig schlechtere Zeit, als sie beim Gewinn der olympischen Silbermedaille in Rio de Janeiro (1:05,50 Minuten) nachweislich ganz ohne Meldonium geschwommen ist.

Andere Sportlerinnen sind in ihren Leistungsbilanzen deutlich weniger konstant. Beispielsweise wurde die bereits erwähnte litauische Schwimmerin Rūta Meilutytė[101] in London in einer Zeit von 1:05,47 Minuten (an die Jefimowa auch in Rio de Janeiro nicht herangekommen ist) 15-jährig Olympiasiegerin über 100 m Brust. Bei den Weltmeisterschaften 2013 in Barcelona stellte sie in 1:04,35 Minuten den noch heute gültigen Weltrekord über die gleiche Strecke auf. Bei der Olympiade 2016 in Rio de Janeiro wurde sie in ihrer Paradedisziplin in 1:07,32 Minuten lediglich Siebte des Finales. Fast noch schlimmer erging es der Dänin Rikke Møller Pedersen[102] über 200 m Brust. Sie kam in Rio de Janeiro in 2:23,74 Minuten als Achte und damit Letzte des Finales ins Ziel. Bei den Schwimmweltmeisterschaften 2013 in Barcelona hatte sie mit 2:19,11 Minuten den noch heute gültigen Weltrekord der Frauen über 200 m Brust aufgestellt.

- Im Vergleich zu vielen anderen Spitzenathletinnen des Brustschwimmens besitzt Julija Jefimowa einen auffällig ästhetischen und effizienten Schwimmstil, der insbesondere auf der längeren 200 m-Distanz optisch deutlich zur Geltung kommt. Es erscheint auch deshalb nicht unplausibel, dass sie grundsätzlich hervorragende Zeiten schwimmen kann.

- Julija Jefimowa lebt nicht in Russland, sondern seit 2011 in Kalifornien. Sie trainiert bei Southern Cal Coach Dave Salo[103], der zahllose weitere US-Schwimmstars betreut beziehungsweise betreut hat. Sie unterliegt dem gleichen Doping-Kontrollsystem, dem sich auch die US-amerikanischen Schwimmer zu unterziehen haben.

Julija Jefimowa und der Umgang mit Dopingsündern

Doch zurück zu den beiden Dopingfällen Julija Jefimowas. Sie zeigen, dass für ein allgemeines Jefimowa-Bashing seitens der Medien und ihrer Konkurrentinnen überhaupt kein Grund besteht:

- In 2013 wurde Julija Jefimowa das erste Mal des Dopings überführt und in der Folge gesperrt. Ursächlich dafür war die Verwendung eines Nahrungsergänzungsmittels (NEM), in dem sich der Wirkstoff DHEA befand. Nach ihren eigenen Angaben hatte sie sich beim Kauf auf die Angaben des amerikanischen Verkäufers des Produkts verlassen (Jefimowa lebt in Los Angeles, USA). Wie bereits weiter oben dargelegt wurde, ist DHEA in den USA freiverkäuflich. Es kann selbst in Geschäften wie Walmart oder Amazon.com gekauft werden[104], folglich kann es auch in freiverkäuflichen Nahrungsergänzungsmitteln (zum Beispiel Proteinmischungen oder Vitaminpillen) enthalten sein. Dies sagt viel über Wirksamkeit und Bedenklichkeit des Stoffes aus. Ein Dopingeffekt von DHEA ist zumindest umstritten[105] [106] [107].

Unabhängig davon macht es wenig Sinn, einen freiverkäuflichen Wirkstoff auf die Dopingliste zu setzen, dem zugleich „life extending effects" nachgesagt werden[108]. Beim Kampf gegen Doping geht es wesentlich darum, Sportler vor der gegenseitigen Hochrüstung mit leistungssteigernden, langfristig aber ungesunden Mitteln zu schützen. Umgekehrt ist es nicht das Ziel, Sportler vor der Einnahme leistungssteigernder, aber gesunder Mittel zu schützen, denn sonst müssten selbst Molkenproteine (Whey) oder das Coenzym Q10 auf der Dopingliste stehen.

In verschiedenen seriösen Artikeln und Quellen wird betont, dass die Dopingbehörden Julija Jefimowa die unabsichtliche Einnahme von DHEA geglaubt haben[109] [110] [111]. Ferner ist zu lesen, dass sie sich bei ihrer Anhörung sehr kooperativ und auch einsichtig verhalten habe[112]. Der Dopingfall war somit vergleichbar mit denen von Evi Sachenbacher-Stehle[113] (Methylhexanamin[114] [115]) oder LaShawn Merritt, zugleich jedoch signifikant harmloser als der von Jessica Hardy[116] [117], zumal er sich nicht im Vorfeld einer Olympiade ereignete. Im übertragenen Sinne könnte man ihn mit einem einmaligen Falschparken vor einem nicht leicht einzusehenden Verbotsschild vergleichen. Ich kann Julija Jefimowas Analogie, „ihr Dopingvergehen sei wie zu schnelles Autofahren, nach einem Strafzettel sei alles wieder okay"[118], deshalb durchaus nachvollziehen: Nach Verbüßung ihrer Strafe sollte die Sache ausgestanden sein. Das gesteht man im Grunde jedem Straftäter zu. Warum sollten grundlegende Rechtsprinzipien aufgegeben werden, wenn es um Doping geht?

Julija Jefimowa und der Umgang mit Dopingsündern

Ich persönlich hätte in ihrem DHEA-Fall eine allerhöchstens drei- bis sechsmonatige Sperre für angemessen gehalten. Jefimowa gehört zu den Sportlerinnen, die bei Wettkämpfen und in den USA regelmäßig auf Dopingmittel getestet werden. Zum Zeitpunkt des positiven Nachweises von DHEA konnte folglich noch kein wirklicher Dopingeffekt entstanden sein (das Mittel wirkt – wie erwähnt – bestenfalls langfristig anabol), zumal sie den Wirkstoff unbeabsichtigt eingenommen hatte.

- Ihr zweiter, sich Anfang des Jahres 2016 ereignender Dopingfall betrifft die Einnahme des Wirkstoffs Meldonium[119]. Es handelt sich dabei um einen Arzneistoff des lettischen Pharmaunternehmens Grindeks[120], der im osteuropäischen Raum unter dem Medikamentennamen Mildronate® seit deutlich mehr als zehn Jahren[121] vermarktet wird. Eine Zulassung besitzt das Medikament lediglich in einigen osteuropäischen Staaten (Russland, baltische Staaten etc.), nicht jedoch etwa in Deutschland oder den USA. Es ist also kein Zufall, dass es praktisch nur von osteuropäischen Sportlern angewendet wurde. Ob Meldonium einen leistungssteigernden Effekt besitzt, ist umstritten. Folgt man der häufigen Verordnung unter osteuropäischen Sportlern und den (werblichen) Angaben des Herstellers, könnte dies aber vermutet werden. Die Aufnahme des Wirkstoffs in die Dopingliste zu Beginn des Jahres 2016 erfolgte deshalb auch weniger auf der Grundlage eindeutiger Testresultate als vielmehr als Reaktion auf die häufige Verschreibungspraxis bei osteuropäischen Athleten[122] [123] [124]. Anders gesagt: Es wurde bei Dopingtests so oft nachgewiesen, dass seitens der Weltdopingagentur WADA ein Dopingeffekt angenommen werden musste[125]. Dem stehen allerdings Aussagen entgegen, das Medikament könne als Arzneimittel zum Beispiel in Österreich keine Zulassung erhalten, da die Studienlage zu unklar und das Wirkprinzip noch nicht gänzlich geklärt sei. Bei solch widersprüchlichen Aussagen stellt sich naturgemäß die Frage, ob es bei der Auseinandersetzung um den Wirkstoff vielleicht auch oder vor allem um wirtschaftliche Aspekte gehen könnte.

  Wie auch immer: Bis Ende 2015 stand der Wirkstoff noch nicht auf der Dopingliste. Ob die Einnahme primär der Leistungssteigerung dienen sollte oder möglicherweise nur dem Schutz des Herzens bei Höchstanforderungen, wie es Jefimowas kalifornischer Trainer Bob Salo andeutet[126], sei dahingestellt: Bis zum Jahresende 2015 war die Einnahme für Leistungssportler völlig legal. Dies würde in gleicher Weise auch für westliche Medikamente (etwa von Bayer oder Pfizer) gelten, die sich in der Sportlerszene als möglicherweise leistungssteigernd oder sonst wie vorteilhaft herumgesprochen haben. Leistungssportler stehen unter einem ganz erheblichen Wettbewerbsdruck. Jedes von einigen Wettbewerbern angewendete legale, vorteilhafte Mittel könnte alle anderen Wettbewerber schnell ins Hintertreffen geraten lassen, folglich sind auch sie zur baldigen Anwendung gezwungen. Im Grunde ist dies das eigentliche Problem hinter der Dopingproblematik. In der Ökonomie und in evolutionären Kontexten bezeichnet man das dabei zum Tragen kommende kollektive Verhaltensmuster als Red-Queen-Prinzip[127].

Das Besondere am Dopingfall Meldonium war nun aber, dass von Januar bis April 2016 ca. 170 überwiegend osteuropäische Athleten auf die unerlaubte Einnahme des seit dem 01.01.2016 auf der Dopingliste stehenden Wirkstoffs getestet wurden[128]. Dies bedurfte natürlich einer Erklärung. Es ist nämlich kaum anzunehmen, dass eine solch große Zahl an Athleten willentlich dazu bereit war, eine langfristige Sperre in Kauf zu nehmen, nur um ein gewohntes, allerdings seit Jahresbeginn auf der Dopingliste stehendes Mittel nicht absetzen zu müssen. Dagegen spricht bereits die allgemeine Lebenserfahrung[129]. Bei Jefimowa kam hinzu, dass sie bereits mit einer Dopingsperre (wegen der Einnahme von DHEA) vorbelastet war. Ein weiterer Dopingfall hätte bei ihr unweigerlich eine lebenslängliche Sperre zur Folge gehabt. Doch warum sollten sie und ca. 170 andere Sportler ein dermaßen großes Risiko eingehen?

Auffällig war ferner, dass zahlreiche betroffene Sportler (Jefimowa eingeschlossen) darauf bestanden, den Wirkstoff seit Beginn des Jahres 2016 nicht mehr zu sich genommen zu haben[130]. Die russische Tennisspielerin Marija Scharapowa[131] stellte in dieser Hinsicht eine Ausnahme dar: Sie gab unumwunden zu, die Sperrung zum 01.01.2016 des von ihr seit über zehn Jahren eingenommenen Medikaments übersehen zu haben[132]. Und schließlich waren bei etlichen Sportlern (Jefimowa eingeschlossen) die nachgewiesenen Meldoniumkonzentrationen in den untersuchten Proben nur sehr gering[133].

Wenn also von osteuropäischen Sportlern bis Ende 2015 im großen Stil Meldonium eingenommen wurde, der Wirkstoff aber zum 1.1.2016 auf die Dopingliste gesetzt wird und daraufhin bis April 2016 ca. 170 Athleten positiv auf Meldonium getestet werden, dann sollten eigentlich alle ernsthaften Dopingjäger mit allgemeiner Lebenserfahrung hellhörig werden. Es hat dann nämlich entweder ein massives Kommunikationsproblem gegeben, sodass die Sperrung des Medikaments bei den Sportlern und Ärzten nicht richtig angekommen ist, oder der Wirkstoff wird nicht schnell genug im Körper der Sportler abgebaut, sodass er trotz Nichteinnahme noch immer im Organismus des Sportlers nachweisbar ist.

Julija Jefimowa und der Umgang mit Dopingsündern

Die Lösung des Dilemmas kam in Form einer von europäischen Wissenschaftlern durchgeführten Studie[134]:

> Wie eine neue Pilotstudie durch europäische Wissenschaftler ergab, ist der Wirkstoff nicht wie bisher angenommen nur drei bis maximal sieben Tage, sondern sogar mehrere Monate im Körper nachweisbar. Dies bestätigte Mario Thevis, Dopingforscher an der Deutschen Sporthochschule Köln, dem Sport-Informations-Dienst (SID) am Donnerstag (14.04.16).
>
> Die WADA hatte Meldonium mit Wirkung zum 1. Januar 2016 auf die Verbotsliste gesetzt, seitdem sind gut 170 Sportler überführt und teilweise suspendiert worden. Dies war unter der Annahme geschehen, dass der Athlet bei einem positiven Dopingbefund das Präparat Mildronat mit dem Wirkstoff Meldonium auch noch nach Jahresbeginn eingenommen haben muss. Dies kann sich nun in vielen Fällen als falsch herausstellen.
>
> "Die Studie zeigt, dass es offenbar zwei Phasen der Ausscheidung gibt, eine sehr schnelle und eine sehr langsame, die möglicherweise einige Monate andauern kann, und dies ist so nicht erwartet worden", sagte Thevis dem SID über die Studie, die noch nicht veröffentlicht ist.
>
> Die WADA hatte am Mittwoch bereits entsprechend den neuen Erkenntnissen bekannt gegeben, die Strafen für Sportler unter Umständen zu lockern. Athleten, die vor dem 1. März 2016 mit weniger als einem Mikrogramm des Herzmittels erwischt worden waren, können demnach nun auf Gnade hoffen. Die betroffenen Athleten dürften sich damit wohl kaum zufrieden geben, viele werden möglicherweise nun vor Gericht ziehen, um Schadenersatzklagen anzustreben.

Die weitere Entwicklung des Falles ist Geschichte[135]. Im Juli 2016 wurde Julija Jefimowa vom Schwimmweltverband FINA endgültig vom Vorwurf des Meldonium-Dopings freigesprochen[136]. Sie ist in diesem Punkt also restlos entlastet. Einen Dopingfall Jefimowa/Meldonium gibt und gab es folglich nicht. Es ist erstaunlich, dass dies in zahllosen Medien (inklusive den öffentlich-rechtlichen Sendern) bis heute hartnäckig ignoriert beziehungsweise geleugnet wird. So war beispielsweise noch am 18.08.2016 auf swimsportnews zu lesen[137]:

> Dann kamen die positiven Tests auf Meldonium. Efimova war eine der etlichen Athletinnen, bei denen die seit Jahresbeginn verbotene Substanz nachgewiesen wurde – der Großteil von ihnen kam aus Russland. Trotzdem blieben ihr und den meisten weiteren Sportlern Strafen erspart. Der Grund dafür: Die Welt-Anti-Doping-Behörde WADA konnte bis heute keine verlässliche Aussage treffen, wie lange nach der Einnahme noch Reste des Mittels im Körper nachgewiesen werden können.

Julija Jefimowa und der Umgang mit Dopingsündern

Die folgerichtige Begründung aller positiv getesteter Athleten: Wir haben das Mittel Ende 2015 eingenommen, als es noch nicht verboten war. Die WADA selbst musste zurückrudern und den Sportverbänden empfehlen, die überführten Athleten nicht zu sperren. Klar, dass die Sportler ihre Chance auf eine Reinwaschung nutzten. Die WADA hat sich in ihrem Kampf gegen Doping, der schließlich der Hauptauftrag der Organisation ist, ein dickes Eigentor geschossen.

Wie lange kann man eine verbotene Substanz im Körper nachweisen, ist eine der wichtigsten Fragestellungen im Zusammenhang mit Doping und es war vorhersehbar, dass sie auch beim Thema Meldonium eine Rolle spielen wird. Dass die WADA hier nicht bereits vor dem Verbot des Mittels eine klare Antwort hatte und so alle vermeintlichen Sünder ungeschoren davonkamen, sorgte für einen weiteren Knacks in der Glaubwürdigkeit des Anti-Doping-Kampfes.

Also, das Thema Meldonium war abgehakt und trotzdem drohte Efimova der Ausschluss von den Olympischen Spielen. Ein unabhängiger Untersuchungsbericht hatte systematisches Doping in ihrem Heimatland Russland aufgedeckt. Der Leichtathletik-Weltverband IAAF hatte nach ähnlichen Enthüllungen zuvor bereits die gesamte russische Mannschaft für die Olympischen Spiele gesperrt. Nun wollte das IOC nachziehen.

Was herauskam, war ein fauler Kompromiss: Russland wurde nicht komplett für Olympia gesperrt. Man einigte sich aber darauf, dass die FINA Sportler des Landes, die bereits einmal wegen Dopings überführt wurden, nicht in Rio starten lassen wird. Wieder war Efimova unter diesen Athleten und erneut wusste sie alle rechtlichen Mittel zu nutzen. Bis zum Abend vor ihrem ersten Start in Rio war noch ungewiss, ob Efimova tatsächlich antreten wird. Erst als sie tatsächlich auf dem Startblock stand, wurde klar, dass die Sportverbände erneut versagt hatten, klare Kante im Anti-Doping-Kampf zu zeigen.

Die russischen Funktionäre dürften sich mit Blick auf die Zusage, ihre schon mal gesperrten Athleten aus dem Team auszuschließen, ins Fäustchen gelacht haben. Die Rechtsprechung des Internationalen Sportgerichtshof (CAS) hatte in den vergangenen Jahren derartige nachträgliche Mehrfachbestrafungen für Dopingsünder in mehreren Zusammenhängen für nicht gültig erklärt und es war absehbar, dass die nun eigentlich gesperrten russischen Sportler sich darauf berufen würden. Auch unser Kollege Craig Lord von swimvortex.com wies noch am Tag der IOC-Entscheidung darauf hin, dass der CAS die Sperren kippen würde – kaum vorstellbar, dass beim IOC selbst niemand damit gerechnet hatte.

28   Julija Jefimowa und der Umgang mit Dopingsündern

Wie man sieht, setzt sich das allseits beliebte Jefimowa-Bashing munter fort.

Insgesamt waren die Dopingfälle von Julija Jefimowa also entweder minderschwer (unbeabsichtigte Einnahme eines natürlichen, weitestgehend harmlosen Wirkstoffs) oder überhaupt nicht existent (unzureichende Erkenntnisse über den Abbauprozess des Wirkstoffs Meldonium). Aus diesem Grund ist sie zu Unrecht dämonisiert und an den öffentlichen Pranger gestellt worden. Sie ist weder Lance Armstrong[138] noch Justin Gatlin[139].

Ähnlich gelagert wie ihre Dopingvorkommnisse war der Fall des chinesischen Schwimmers Sun Yang[140], der sich während der Olympischen Sommerspiele 2016 in Rio de Janeiro ebenfalls der einen oder anderen Spitze seitens der öffentlich-rechtlichen TV-Kommentatoren ausgesetzt sah. Im Jahr 2014 war er bei einem nationalen Wettkampf positiv auf das Stimulans Trimetazidin[141] getestet worden. Den Wirkstoff hatte er offenkundig über ein verunreinigtes (oder vielleicht auch veraltetes) Nahrungsergänzungsmittel eingenommen. Vergleichbar mit der aktuellen Situation bei Meldonium stand auch dieser Wirkstoff bis zum Ende des Vorjahres noch nicht auf der Dopingliste. Es ist dann aber zu erwarten, dass sich noch Nahrungsergänzungsmittel im Handel befinden (oder im heimischen Depot), die den Stoff enthalten. Der Gesamtzusammenhang deutet somit eindeutig auf einen minderschweren Dopingfall hin, ganz entsprechend fiel die Sperre für Sun Yang mit lediglich drei Monaten angemessen milde aus.

Manchmal wird gesagt, Sportler seien selbst für ihre unabsichtlichen Dopingvergehen aufgrund verunreinigter oder undeklarierte Stoffe enthaltender Nahrungsergänzungsmittel verantwortlich, schließlich sei es in ihrem eigenen Interesse – und damit gewissermaßen ihre Pflicht – sie vor der Einnahme durch ein Labor prüfen zu lassen. Ganz entsprechend wurde unter anderem in der Sache Evi Sachenbacher-Stehle argumentiert[142]. Ich halte eine solche Forderung für absurd. Echte Amateure und Sportler aus sehr armen Ländern würden dann von vornherein vom Wettbewerb ausgeschlossen werden.

Meiner Meinung nach wird man das Phänomen Doping nur dann wirkungsvoll bekämpfen können, wenn man klar unterscheidet zwischen absichtlichem und unabsichtlichem Doping, zwischen schweren und minderschweren Fällen und dann entsprechend völlig unterschiedliche Strafmaße verhängt.

Unabhängig davon scheinen viele noch immer nicht verstanden zu haben, dass selbst überführte Dopingsünder ein Anrecht auf einen menschenwürdigen und sich an etablierte Rechtsnormen orientierenden Umgang haben. Dem

Julija Jefimowa und der Umgang mit Dopingsündern

gegenüber schlägt der bereits zitierte swimsportnews-Artikel die folgende zukünftige Behandlung überführter Dopingsünder vor[143]:

> So hart das manchmal für den Einzelfall sein mag – nur lebenslange Sperren von überführten Athleten können dies verhindern. Und mit so einer Höchststrafe wäre auch Yuliya Efimova in Rio nicht zu Medaillen geschwommen und so zum Paradebeispiel des strahlenden Dopingsünders geworden.

Um es gleich vorweg zu sagen: Ich halte den Vorschlag nicht nur für völlig abwegig, sondern zudem auch für eklatantes Unrecht. Wenn man einen sich regelmäßig an illegalen Autorennen beteiligenden und vielleicht nicht einmal einen Führerschein besitzenden Fahrer von einem besorgten Familienvater, der seine hochschwangere Ehefrau bei leicht überhöhter Geschwindigkeit ins nächste Krankenhaus zu bringen versucht, nicht unterscheiden kann oder will, schafft man kein Recht, sondern Unrecht.

Dem Antidoping-Kampf ist deshalb kein Gefallen getan, wenn Sportler, denen ein einmaliger Fehler unterlaufen ist (Einnahme eines verunreinigtes Nahrungsergänzungsmittels; freiverkäuflicher Wirkstoff; Uninformiertheit; Schusseligkeit), auf eine Stufe mit schwersten Dopingsündern, die über Jahre systematisch und mit schwersten Mitteln gedopt haben (wie zum Beispiel Lance Armstrong) gestellt werden. Wie in jedem Rechtssystem muss es eine den Individualfall berücksichtigende Rechtsordnung und Rechtsprechung geben, sonst wird lediglich Willkür produziert.

Und um ganz ehrlich zu sein: Ich hätte auch Marija Scharapowa aufgrund ihrer über den 01.01.2016 hinausgeführten Meldonium-Einnahme nur ganz kurz gesperrt, und zwar primär im Sinne einer Verwarnung. Sportler sind Menschen. Sie können Fehler machen und vergesslich sein, wie jeder andere auch. Wenn ein Medikament vorher zulässig war, es aber offenbar noch drei Monate nach Sperrung weitergenommen wird, sollte man den Sportler vielleicht nur für ganz wenige Monate suspendieren und ihn zugleich darauf hinweisen, dass er das Medikament jetzt abzusetzen hat. Gelingt ihm dies bis zum Ablauf der kurzen Sperre, dann sollte man die Suspendierung umgehend wieder aufheben. Gibt es danach jedoch einen weiteren Vorfall, kann man ihn meinetwegen wie üblich lange sperren. Denn wirklich schlimm war sein Verhalten zunächst nicht: Es war wenige Monate zuvor noch völlig legal!

Auch bin ich der Ansicht, dass Schusseligkeit insgesamt völlig anders zu bewerten ist als Absicht. Das Meldonium-Doping von Marija Scharapowa war meines Erachtens reine Schusseligkeit. Eventuell ist sie nicht intensiv genug informiert und gewarnt worden. Denn warum sollte sie zu Beginn des Jahres 2016 noch immer ein Medikament einnehmen, wenn sie genau weiß, dass es

Julija Jefimowa und der Umgang mit Dopingsündern

mittlerweile auf der Dopingliste steht und in den Dopingproben folglich auch gefunden wird? Wer ein Medikament seit mehr als zehn Jahren einnimmt, wie es Scharapowa hinsichtlich Meldonium/Mildronate® von sich behauptet hat, wird dessen Einnahme möglicherweise so sehr in die standardisierten Tagesabläufe integriert haben, dass sie mehr oder weniger unbewusst/automatisch erfolgt. Die allgemeine Lebenserfahrung spricht in ihrem Fall recht deutlich gegen eine Absichtlichkeit, es sei denn, man nimmt einen rassistischen Standpunkt ein, zum Beispiel der folgenden Form: US-Amerikaner sind grundsätzlich ehrlich und aufrichtig, Russen dagegen Lügner und Betrüger.

Sollte ein Wirkstoff bis zum Ende eines Jahres noch zulässig sein und ab Beginn des Folgejahres auf der Dopingliste stehen, dann sollte man eine denkbare Schusseligkeit bei Athleten immer mit berücksichtigen. Die kommt bei allen Menschen gelegentlich vor. Im normalen Leben (bei Vergehen und Straftaten) urteilen und handeln wir nicht anders. Wir gestehen normalen Menschen zu, Fehler zu begehen. Warum sollte das im Leistungssport anders sein?

Aus dem gleichen Grund wird bei Änderungen in der Straßenverkehrsordnung vielfach eine Karenzzeit eingeräumt: Die Polizei verteilt in diesem Zeitraum noch keine Strafzettel, sondern begnügt sich lediglich mit eingehenden Ermahnungen und Belehrungen. Das ist oftmals nicht nur wirksamer, sondern auch viel sicherer. Im Meldoniumfall hätte eine solche Vorgehensweise zweifellos klare Vorteile gehabt. Denn die Fehleranfälligkeit des Menschen betrifft bekanntlich nicht nur Sportler, sondern alle Seiten. Selbst Sportverbände und Dopingagenturen können irren.

Stellen wir uns dazu das folgende fiktive Szenario vor:

Marija Scharapowa ist zum Zeitpunkt ihres Meldonium-Dopingbefundes die unumstrittene Nummer Eins im Damentennis. Die letzten drei Grand Slam-Turniere hat sie allesamt gewonnen. Es fehlen ihr lediglich der Gewinn der olympischen Goldmedaille und ein Sieg bei den nächsten US Open, um mit Steffi Graf gleichzuziehen und ebenfalls den Golden Slam zu gewinnen.

In diese Ausgangslage platzt die Nachricht über ihren positiven Meldoniumbefund anlässlich des Tennisturniers in Wimbledon. Obwohl Scharapowa vehement beteuert, dass sie das Medikament zum Zeitpunkt der offiziellen Aufnahme in die Dopingliste pflichtgemäß abgesetzt hat, wird sie umgehend von allen Wettkämpfen suspendiert und nach ihrer Anhörung für zwei Jahre gesperrt. Der in Wimbledon gewonnene Titel wird ihr aberkannt, das Preisgeld muss sie zurückzahlen. Auch kann sie weder an den Olympischen Spielen noch an den US Open teilnehmen. In der Folge stornieren gleich mehrere Unternehmen die bestehenden Werbeverträge mit ihr. Sie verliert einen Großteil ihrer Sponsoren.

Julija Jefimowa und der Umgang mit Dopingsündern

Nachdem es bei den Olympischen Spielen in Rio de Janeiro zu einer wahren Flut an Meldonium-Dopingfällen gekommen ist, beschließen zwei international renommierte Forschungsinstitute für Sportmedizin, der Sache auf den Grund zu gehen. Dabei widmen sie sich vor allem der Eliminationshalbwertszeit[144] des Wirkstoffs in menschlichen Organismen. Gemeinsam kommen sie zu dem Ergebnis, dass das Medikament viel langsamer abgebaut wird, als zuvor angenommen wurde. Gemäß den von ihnen publizierten Resultaten wären weder Scharapowa zum Zeitpunkt des Wimbledonturniers noch mindestens 95 Prozent aller bei der Olympiade als Meldonium-Dopingsünder überführten Sportler nachweislich gedopt gewesen.

Die Weltdopingagentur WADA hebt daraufhin alle bereits ausgesprochenen Suspendierungen und Strafen für die betroffenen Sportler (einschließlich Scharapowa) mit sofortiger Wirkung auf. Wenige Zeit später zieht Marija Scharapowa vor Gericht, um die WADA und weitere beteiligte Sportverbände auf Schadenersatz zu verklagen. Andere Sportler bündeln ihre Interessen im Rahmen einer Sammelklage.

In dem beschriebenen Szenario wäre einer Vielzahl an Sportlern ein kaum wieder gut zu machender Schaden entstanden. Dies gilt insbesondere für Marija Scharapowa, der neben einem großen ideellen Schaden (keine Chance auf den Gewinn der olympischen Goldmedaille und des Golden Slams, Verlust an Ansehen) ein nachweisbarer finanzieller Schaden in vermutlich zweistelliger Millionenhöhe entstanden ist.

Allein aufgrund solch denkbarer Szenarien, die selbst mit den besten Vorbereitungen und Tests kaum vorhergesagt werden können, sind Sportverbände und Dopingagenturen gut beraten, bei der Aufnahme neuer Wirkstoffe (mit der möglichen Ausnahme neuer Varianten/Derivate in grundsätzlich verbotenen Wirkstoffklassen) Karenzzeiten zu gewähren. Während der Karenzzeit wäre der Arzneistoff zwar bereits verboten, zu hohe Werte in den Proben führten jedoch noch zu keiner unmittelbaren Suspendierung beziehungsweise Sperre des Sportlers, sondern lediglich zu einer eingehenden Verwarnung. Dies würde es beiden Seiten erlauben, das eigene Verhalten und die eigenen Verfahren zu überprüfen und zu ändern. Die Sportler würden daran erinnert werden, dass sie das nicht mehr zulässige Medikament nun zwingend abzusetzen haben (sofern sie es nicht ohnehin schon getan haben), und die Dopingkontrolleure darauf aufmerksam gemacht, dass es möglicherweise ein Problem mit den publizierten Grenzwerten, dem Abbauprozess des Medikaments oder sonstigen Unabwägbarkeiten gibt.

Der ehemalige Vorsitzende der Welt-Antidoping-Agentur (WADA) Richard „Dick" Pound[145] äußerte sich einmal dahingehend, dass es seiner Meinung nach

32   Julija Jefimowa und der Umgang mit Dopingsündern

kein unabsichtliches Doping gibt. Ich halte das für eine realitätsferne und fundamentalistische Sicht, die einer effizienten Dopingbekämpfung eher im Wege steht. Sie versucht jegliches Fehlverhalten zu kriminalisieren. Man wird auf Dauer jedoch nur dann junge Menschen dazu motivieren können, sich auf das Abenteuer Leistungssport einzulassen, wenn ihnen nicht nur ein Mindestmaß an Rechtssicherheit gewährt wird, sondern auch leichte Fehler und Unaufmerksamkeiten angemessen verziehen werden. Sportler sind Menschen und Menschen sind fehlbar. Ausschließlich simple Ja/Nein-Fälle existieren weder im realen Leben noch beim Doping.

Stellen wir uns dazu das folgende fiktive Beispiel vor:

Nach ihrem sechsten Platz bei den olympischen Spielen beschließt die deutsche 3000-Meter-Hindernisläuferin Gesa Felicitas Krause[146], ein Jahr zusammen mit der US-Amerikanerin Emma Coburn[147] in den Höhen Colorados zu trainieren, zumal diese bei der Olympiade immerhin die Bronzemedaille gewonnen hatte und somit deutlich vor ihr gelegen war. Leider gerät aufgrund der häufigen Läufe in praller Sonne ihr Haar ein wenig in Mitleidenschaft. Von einer amerikanischen Friseurin und Betreiberin eines Beauty-Shops erhält sie die Empfehlung für eine bestimmte Haarspülung, die zu ihrer Freude tatsächlich für eine baldige Besserung sorgt. Wenige Monate später wird sie positiv auf DHEA getestet. Was sie nicht beachtet hatte: Ihre neue Haarspülung enthält – wie das Kleingedruckte verrät – nennenswerte Konzentrationen an DHEA. Über ihre Kopfhaut war der Wirkstoff auch in ihren Blutkreislauf geraten. Wie in allen ähnlich gelagerten Fällen bekommt sie eine Sperre von zwei Jahren. In den Medien wird sie daraufhin heftig kritisiert. Man erinnert bei dieser Gelegenheit an den Fall Jefimowa und befindet, sie habe sich mit ihr auf eine Stufe gestellt. Andere gehen noch weiter, indem sie betonen, die Läuferin habe der deutschen Leichtathletik einen schweren Imageschaden zugefügt.

Wen möchte man denn in Zukunft motivieren, die täglichen Strapazen des Leistungssports auf sich zu nehmen, wenn alle Träume dann jederzeit so leicht platzen können? Es muss für leichte Dopingvergehen einen anderen Weg geben als den bislang eingeschlagenen. Ansonsten könnte der Kampf gegen das Doping nicht die Zukunft, sondern das Ende des Leistungssports bedeuten.

Dabei liegen etliche Verbesserungsmöglichkeiten unmittelbar auf der Hand, vor allen Dingen eine stärkere Orientierung an der Ahndung von Verkehrsdelikten (Punktesystem, unterschiedliche Einstufung von Wirkstoffen und Dosierungen, Unterscheidung von absichtlichen und unabsichtlichen Verstößen, Karenzzeiten, Rehabilitation nach Verbüßung einer Strafe, verpflichtende Teilnahme an Schulungen/Belehrungen etc.), das heißt, an einem jahrzehntelang bewährten Rechtssystem. Ich könnte mir vorstellen, dass Julija Jefimowa

Julija Jefimowa und der Umgang mit Dopingsündern

genau das gemeint hatte, als sie sagte, „ihr Dopingvergehen sei wie zu schnelles Autofahren, nach einem Strafzettel sei alles wieder okay".

---

54   https://de.wikipedia.org/wiki/Julija_Andrejewna_Jefimowa

55   Swimsportnews.de, Sebastian Schwenke, 18.08.2016: Warum Yulija Efimova zum Symbol für Doping im Schwimmen wurde, https://swimsportnews.de/6662-warum-yuliya-efimova-zum-symbol-fuer-doping-im-schwimmen-wurde

56   FAZ, Christoph Becker, 06.08.2016: Julija Jefimowa bei Olympia. „Wollt ihr mich veräppeln, Fina?", http://www.faz.net/aktuell/sport/olympia/sportpolitik/doperin-julija-jefimowa-darf-bei-olympia-2016-in-rio-starten-14374791.html

57   https://de.wikipedia.org/wiki/Franziska_van_Almsick

58   https://de.wikipedia.org/wiki/Kristin_Otto

59   DIE WELT, 01.06.2007: ZDF-Moderatorin Kristin Ott gerät unter Druck, http://www.welt.de/sport/article912930/ZDF-Moderatorin-Kristin-Otto-geraet-unter-Druck.html

60   Litauen gehört zu den Ländern, in denen der seit dem 01.01.2016 auf der Dopingliste stehende und Laufe des Artikels eine wesentliche Rolle spielende Wirkstoff Meldonium vermarktet wird, wie auch auf der deutschen Wikipediaseite zum Arzneistoff angemerkt wird (https://de.wikipedia.org/wiki/Meldonium, abgerufen am 31.08.2016).

61   Mit ihrer Londoner Siegerzeit im 100-Meter-Brust von 1:05:47 Minuten wäre sie bei den Olympischen Sommerspielen 2016 in Rio de Janeiro auf der gleichen Strecke Zweite hinter Lilly King und noch vor Julija Jefimowa geworden. Stattdessen kam sie in 1:07,32 Minuten ins Ziel und wurde nur Siebte. Dass sie in Rio de Janeiro keine Medaille gewann, lag somit nicht an Jefimowa, sondern einzig und allein an ihr.

62   https://de.wikipedia.org/wiki/R%C5%ABta_Meilutyt%C4%97

63   Wie sie es an anderer Stelle getan hatte, siehe u. a.
Youtube.com, SwimSwam, 10.08.2016: Ruta Meilutyte Speaks out against Yulia Efimova, https://www.youtube.com/watch?v=ZaDUe36IR7g

64   https://en.wikipedia.org/wiki/Lilly_King

65   Youtube.com, Sportschau, 08.08.2016: 100m Brust: Alle gegen Jefimowa, Lilly King holt Gold | Rio 2016 | Sportschau, https://www.youtube.com/watch?v=_oqdOhDW5Vc

66   FOCUS Online, Marco Plein, 10.08.2016: ARD und ZDF bejubeln Russland-Gegner. Fragwürdiger Umgang mit Dopern, http://www.focus.de/sport/olympia-2016/ard-und-zdf-bejubeln-russland-gegner-fragwuerdiger-umgang-mit-dopern_id_5811187.html

34   Julija Jefimowa und der Umgang mit Dopingsündern

67 https://de.wikipedia.org/wiki/Schweigespirale

68 https://de.wikipedia.org/wiki/Elisabeth_Noelle-Neumann

69 Mersch, Peter (2016): Die egoistische Information. Eine Theorie des Lebens. Norderstedt: Books on Demand

70 Verfasser ist der Sportredakteur Christoph Becker der Frankfurter Allgemeinen Zeitung: FAZ, Christoph Becker, 06.08.2016: Julija Jefimowa bei Olympia. „Wollt ihr mich veräppeln, Fina?", http://www.faz.net/aktuell/sport/olympia/sportpolitik/doperin-julija-jefimowa-darf-bei-olympia-2016-in-rio-starten-14374791.html

71 https://de.wikipedia.org/wiki/Justin_Gatlin

72 https://de.wikipedia.org/wiki/Tyson_Gay

73 Usain Bolt nannte die Entscheidung der US-amerikanischen Dopingbehörde USADA, Tyson Gay nach einem in 2013 vorgenommenen positiven Dopingtest auf ein anaboles Steroid (um welches es sich dabei handelt, wurde nicht veröffentlicht) lediglich für ein Jahr zu sperren, die „dümmste Entscheidung, von der ich je gehört habe". SPIEGEL Online, 24.04.2015: Bolt über Dopingsünder Gay: "Dümmste Entscheidung, von der ich je gehört habe", http://www.spiegel.de/sport/sonst/tyson-gay-usain-bolt-schimpft-ueber-sperre-fuer-dopingsuender-a-1030407.html

74 https://en.wikipedia.org/wiki/LaShawn_Merritt

75 LaShawn Merritt gab an, den Wirkstoff unbeabsichtigt als Bestandteils des freiverkäuflichen Mittels „ExtenZe" zur Penisvergrößerung eingenommen zu haben. Seine „Ausrede" ähnelt der von Jefimowa in auffälliger Weise. In der Tat ist so etwas vorstellbar (und damit auch glaubwürdig), wenn auf der Dopingliste Wirkstoffe stehen, die am Wohnort des Sportlers freiverkäuflich sind. Sie können dann jederzeit in scheinbar völlig harmlosen Produkten enthalten sein, die eigentlich aus ganz anderen Gründen erworben werden. Siehe BBC, 22.04.2010: US 400m star LaShawn Merritt fails drug test, http://news.bbc.co.uk/sport2/hi/athletics/8638727.stm und Leichtathletik.de, 19.10.2010: LaShawn Merritt für 21 Monate gesperrt, https://www.leichtathletik.de/news/news/detail/lashawn-merritt-fuer-21-monate-gesperrt/

76 LaShawn Merritts Sperre endete nach ihrer Reduzierung am 27.07.2011, die Leichtathletikweltmeisterschaften in Daegu fanden vom 27.08.2011 bis 04.09.2011 statt. Siehe: Leichtathletik.de, 19.10.2010: LaShawn Merritt für 21 Monate gesperrt, https://www.leichtathletik.de/news/news/detail/lashawn-merritt-fuer-21-monate-gesperrt/ Es gab für die Reduzierung von Jefimowas DHEA-Doping-Sperre somit mindestens einen Präzedenzfall.

77 https://en.wikipedia.org/wiki/Jessica_Hardy

Julija Jefimowa und der Umgang mit Dopingsündern   35

78 Limmatsharks.com, 21.05.2010: Fall Hardy: CAS weist WADA-Beschwerde zurück. (dpa), http://limmatsharks.com/news_2010_05-08.html

79 https://de.wikipedia.org/wiki/Clenbuterol

80 Limmatsharks.com, 21.05.2010: Fall Hardy: CAS weist WADA-Beschwerde zurück. (dpa), http://limmatsharks.com/news_2010_05-08.html

81 https://de.wikipedia.org/wiki/Dehydroepiandrosteron

82 Siehe etwa https://www.amazon.com/dp/B00R5WAD26/, https://www.amazon.com/dp/B00IYWBKYG/, https://www.amazon.com/s/ref=nb_sb_noss?url=search-alias%3Dhpc&field-keywords=dhea&rh=n%3A3760901%2Ck%3Adhea

83 Römmler, Alexander (2004): DHEA ist kein Dopingmittel. Indikationen und Effekte einer Replacement-Therapie in der Adrenopause. ÄP UrologieNephrologie 1/Januar-Februar 2004, S. 12-13, http://www.alexanderroemmler.com/uploads/tx_sbdownloader/2004_Roemmler_A._DHEA_kein_Doping__AErztl.Praxis.pdf

84 Pharmazeutische Zeitung Online, Wilfried Dubbels, Ausgabe 6/2000: Prohormone. Doping oder harmlose Nahrungsergänzungsmittel, http://www.pharmazeutische-zeitung.de/index.php?id=pharm5_06_2000

85 "No work at this time has found an ergogenic effect of DHEA in elite athletes." Siehe: Collomp K, Buisson C, Lasne F, Collomp R (2015): DHEA, physical exercise and doping. J Steroid Biochem Mol Biol. 2015 Jan;145:206-12. doi: 10.1016/j.jsbmb.2014.03.005. Epub 2014 Apr 2: http://www.sciencedirect.com/science/article/pii/S096007601400065X

86 Das heißt, lange bevor es überhaupt zu einem möglichen Dopingeffekt hätte kommen können.

87 The Conversation, Daryl Adair, 24.08.2016: The price of victory: Caster Semenya again on trial, https://theconversation.com/the-price-of-victory-caster-semenya-again-on-trial-64366

88 https://de.wikipedia.org/wiki/Caster_Semenya

89 Swimsportnews.de, Sebastian Schwenke, 18.08.2016: Warum Yulija Efimova zum Symbol für Doping im Schwimmen wurde, https://swimsportnews.de/6662-warum-yuliya-efimova-zum-symbol-fuer-doping-im-schwimmen-wurde

90 Augsburger Allgemeine, CAS: Osaka-Regel gekippt. Olympia: Pechstein darf wieder hoffen, 06.10.2011, http://www.augsburger-allgemeine.de/sport/Olympia-Pechstein-darf-wieder-hoffen-id17016026.html

91 https://en.wikipedia.org/wiki/Kristy_Kowal

92 Insbesondere Kristy Kowal nicht:
Tweet von Kristy Kowal am 10.02.2014: let's stick to the 25s. I'm a beginner for this breaststroke thing, https://twitter.com/kristykowal/status/432665524473196544

93 The Washington Post, Sally Jenkins, 10.08.2016: In vilifying Russian swimmer Yulia Efimova, Americans are splashing murky waters, https://www.washingtonpost.com/sports/olympics/in-villifying-russian-swimmer-yulia-efimova-americans-are-splashing-murky-waters/2016/08/10/0ccdba8a-5eef-11e6-8e45-477372e89d78_story.html

94 Associated Press, John Leicester, 10.08.2016: Column: Efimova is a poor poster child for Russian scandal, http://bigstory.ap.org/article/438ecfc1f0ac47598a77ac8e384854c7/column-efimova-poor-poster-child-russian-scandal

95 https://de.wikipedia.org/wiki/Almaz_Ayana

96 https://de.wikipedia.org/wiki/Katie_Ledecky

97 https://de.wikipedia.org/wiki/Katinka_Hossz%C3%BA

98 https://de.wikipedia.org/wiki/Adam_Peaty

99 https://de.wikipedia.org/wiki/Michael_Phelps

100 https://de.wikipedia.org/wiki/M%C3%B3nica_Puig

101 https://de.wikipedia.org/wiki/R%C5%ABta_Meilutyt%C4%97

102 https://de.wikipedia.org/wiki/Rikke_M%C3%B8ller_Pedersen

103 The Washington Post, Sally Jenkins, 10.08.2016: In vilifying Russian swimmer Yulia Efimova, Americans are splashing murky waters, https://www.washingtonpost.com/sports/olympics/in-villifying-russian-swimmer-yulia-efimova-americans-are-splashing-murky-waters/2016/08/10/0ccdba8a-5eef-11e6-8e45-477372e89d78_story.html

104 Siehe etwa https://www.amazon.com/dp/B00R5WAD26/, https://www.amazon.com/dp/B00IYWBKYG/, https://www.amazon.com/s/ref=nb_sb_noss?url=search-alias%3Dhpc&field-keywords=dhea&rh=n%3A3760901%2Ck%3Adhea

105 "No work at this time has found an ergogenic effect of DHEA in elite athletes."
Siehe: Collomp K, Buisson C, Lasne F, Collomp R (2015): DHEA, physical exercise and doping. J Steroid Biochem Mol Biol. 2015 Jan;145:206-12. doi:

10.1016/j.jsbmb.2014.03.005. Epub 2014 Apr 2: http://www.sciencedirect.com/science/article/pii/S096007601400065X

106 Römmler, Alexander (2004): DHEA ist kein Dopingmittel. Indikationen und Effekte einer Replacement-Therapie in der Adrenopause. ÄP UrologieNephrologie 1/Januar-Februar 2004, S. 12-13, http://www.alexanderroemmler.com/uploads/tx_sbdownloader/2004_Roemmler_A._DHEA_kein_Doping__AErztl.Praxis.pdf

107 Pharmazeutische Zeitung Online, Wilfried Dubbels, Ausgabe 6/2000: Prohormone. Doping oder harmlose Nahrungsergänzungsmittel, http://www.pharmazeutische-zeitung.de/index.php?id=pharm5_06_2000

108 Kumar, Pardeep (2012): Dehydroepiandrosterone (DHEA) and Brain Aging: Neuroprotective and Antiaging Effects of DHEA. Saarbrücken: Lambert Academic Publishing, https://www.amazon.de/dp/3846533890/

109 Associated Press, John Leicester, 10.08.2016: Column: Efimova is a poor poster child for Russian scandal, http://bigstory.ap.org/article/438ecfc1f0ac47598a77ac8e384854c7/column-efimova-poor-poster-child-russian-scandal

110 The Washington Post, Sally Jenkins, 10.08.2016: In vilifying Russian swimmer Yulia Efimova, Americans are splashing murky waters, https://www.washingtonpost.com/sports/olympics/in-villifying-russian-swimmer-yulia-efimova-americans-are-splashing-murky-waters/2016/08/10/0ccdba8a-5eef-11e6-8e45-477372e89d78_story.html

111 https://de.wikipedia.org/wiki/Julija_Andrejewna_Jefimowa#Dopingmissbrauch_2013

112 Associated Press, John Leicester, 10.08.2016: Column: Efimova is a poor poster child for Russian scandal, http://bigstory.ap.org/article/438ecfc1f0ac47598a77ac8e384854c7/column-efimova-poor-poster-child-russian-scandal

113 https://de.wikipedia.org/wiki/Evi_Sachenbacher-Stehle

114 https://de.wikipedia.org/wiki/Methylhexanamin

115 DIE WELT, Florian Kinast, 15.03.2015: Sachenbacher-Stehle: "Ich traute mich nicht mehr auf die Straße", http://www.welt.de/sport/wintersport/article138413884/Ich-traute-mich-nicht-mehr-auf-die-Strasse.html

116 https://en.wikipedia.org/wiki/Jessica_Hardy

117 Limmatsharks.com, 21.05.2010: Fall Hardy: CAS weist WADA-Beschwerde zurück. (dpa), http://limmatsharks.com/news_2010_05-08.html

118 Süddeutsche Zeitung, 22.05.2016: FINA bestätigt: Suspendierung Jefimowas aufgehoben (dpa), http://www.sueddeutsche.de/news/sport/schwimmen-fina-bestaetigt-suspendierung-jefimowas-aufgehoben-dpa.urn-newsml-dpa-com-20090101-160522-99-29922

119 https://de.wikipedia.org/wiki/Meldonium

120 http://www.grindeks.lv/lv

121 Bereits in einer wissenschaftlichen Untersuchung aus dem Jahr 2004 war festgehalten worden, dass Meldonium vorwiegend von Sportlern aus den Staaten der vormaligen Sowjetunion verwendet wird. Die russische Tennisspielerin Marija Scharapowa gab an, dass sie das Mittel seit mehr als 10 Jahren einnehme. Siehe etwa: WELT Online, Lutz Wöckener, 08.03.2016: Wie viel hat Scharapowa in Wahrheit zu verbergen?, http://www.welt.de/sport/tennis/article153070680/Wie-viel-hat-Scharapowa-in-Wahrheit-zu-verbergen.html

122 Netdoktor.at, Adnan Marvillo, Katrin Derler, März 2016: Meldonium: Herzmedikament als Doping-Mittel, http://www.netdoktor.at/gesundheit/fitness/meldonium-herzmedikament-als-doping-mittel-6875016

123 Institut für Biochemie der DSHS Köln, 1.10.2015, letzte Änderung 9.3.1016: Meldonium (Mildronate®), http://www.dopinginfo.de/rubriken/00_home/00_meldo.html

124 Görgens, Christian/Guddat, Sven/Dib, Josef/Geyer, Hans/Schänzer, Wilhelm/Thevis, Mario (2015): Mildronate (Meldonium) in professional sports – monitoring doping control urine samples using hydrophilic interaction liquid chromatography – high resolution/high accuracy mass spectrometry; In: Drug Testing and Analysis, Volume 7, Issue 11-12, November-December 2015, Pages 973–979, http://onlinelibrary.wiley.com/doi/10.1002/dta.1788/abstract

125 SPIEGEL Online, 07.03.2013: Tennis: Scharapowa positiv auf Doping getestet, http://www.spiegel.de/sport/sonst/marija-scharapowa-tennis-star-positiv-auf-doping-getestet-a-1081128.html

126 The Washington Post, Sally Jenkins, 10.08.2016: In vilifying Russian swimmer Yulia Efimova, Americans are splashing murky waters, https://www.washingtonpost.com/sports/olympics/in-villifying-russian-swimmer-yulia-efimova-americans-are-splashing-murky-waters/2016/08/10/0ccdba8a-5eef-11e6-8e45-477372e89d78_story.html

127 Mersch, Peter (2016): Die egoistische Information. Eine Theorie des Lebens. Norderstedt: Books on Demand

Julija Jefimowa und der Umgang mit Dopingsündern

128 Sportschau, 14.04.2016: Substanz lange nachweisbar. Meldonium – neue Studie bringt WADA in Not (dpa/sid), http://www.sportschau.de/doping/meldonium-neue-studie-100.html

129 Beziehungsweise das Lebensprinzip „komparative Kompetenzverlustvermeidung" gemäß der Systemischen Evolutionstheorie, siehe Mersch, Peter (2016): Die egoistische Information. Eine Theorie des Lebens. Norderstedt: Books on Demand

130 Süddeutsche Zeitung, 23.03.2016: Wieder ein Knöllchen, http://www.sueddeutsche.de/sport/schwimmen-wieder-ein-knoellchen-1.2920502

131 https://de.wikipedia.org/wiki/Marija_Jurjewna_Scharapowa

132 WELT Online, Lutz Wöckener, 08.03.2016: Wie viel hat Scharapowa in Wahrheit zu verbergen?, http://www.welt.de/sport/tennis/article153070680/Wie-viel-hat-Scharapowa-in-Wahrheit-zu-verbergen.html

133 In allen acht positiven Meldoniumproben Jefimowas seit Jahresbeginn 2016 war die Konzentration des gefunden Wirkstoffs „very low": Associated Press, John Leicester, 10.08.2016: Column: Efimova is a poor poster child for Russian scandal, http://bigstory.ap.org/article/438ecfc1f0ac47598a77ac8e384854c7/column-efimova-poor-poster-child-russian-scandal

134 Sportschau, 14.04.2016: Substanz lange nachweisbar. Meldonium – neue Studie bringt WADA in Not (dpa/sid), http://www.sportschau.de/doping/meldonium-neue-studie-100.html

135 Sportschau, 12.04.2016: Doping: Meldonium – viele Sportler unschuldig? (dpa/sid), http://www.sportschau.de/doping/ueberblick-doping-meldonium-100.html

136 Sport1.de, 12.07.2016: Meldonium-Doping: Schwimm-Weltverband spricht Julija Jefimowa frei; Freispruch: Jefimowa darf nach Rio, http://www.sport1.de/olympia/2016/07/meldonium-doping-schwimm-weltverband-spricht-julija-jefimowa-frei

137 Swimsportnews.de, Sebastian Schwenke, 18.08.2016: Warum Yulija Efimova zum Symbol für Doping im Schwimmen wurde, https://swimsportnews.de/6662-warum-yuliya-efimova-zum-symbol-fuer-doping-im-schwimmen-wurde

138 https://de.wikipedia.org/wiki/Lance_Armstrong

139 https://de.wikipedia.org/wiki/Justin_Gatlin

140 https://de.wikipedia.org/wiki/Sun_Yang

141 http://www.pharmawiki.ch/wiki/index.php?wiki=Trimetazidin

[142] DIE WELT, Florian Kinast, 15.03.2015: Sachenbacher-Stehle: "Ich traute mich nicht mehr auf die Straße", http://www.welt.de/sport/wintersport/article138413884/Ich-traute-mich-nicht-mehr-auf-die-Strasse.html

[143] Swimsportnews.de, Sebastian Schwenke, 18.08.2016: Warum Yulija Efimova zum Symbol für Doping im Schwimmen wurde, https://swimsportnews.de/6662-warum-yuliya-efimova-zum-symbol-fuer-doping-im-schwimmen-wurde

[144] https://de.wikipedia.org/wiki/Plasmahalbwertszeit

[145] https://de.wikipedia.org/wiki/Richard_Pound

[146] https://de.wikipedia.org/wiki/Gesa_Felicitas_Krause

[147] https://de.wikipedia.org/wiki/Emma_Coburn

Literatur

[1] Mersch, Peter (2016): Die egoistische Information. Eine Theorie des Lebens. Norderstedt: Books on Demand

Über den Autor

Peter Mersch ist Systemanalytiker und Zukunftsforscher. Seine Forschungsschwerpunkte liegen in den Gebieten Migräne, Evolutionstheorie, soziokulturelle Evolution, Demografie und Soziologie.

Von ihm stammen die Systemische Evolutionstheorie, das Familienmanager-Konzept und die energetische Migränetheorie.

Daneben beschäftigt er sich mit den Ursachen der Übergewichts- und Demenzepidemie. Auch dazu hat er eigene theoretische und praktische Konzepte vorgelegt.

Seit 2004 betreibt er das Migräneportal www.migraeneinformation.de.

Über den Autor

Ebenfalls von Peter Mersch:

Klüger werden und Demenz vermeiden. Wie sich beides für Jung und Alt erreichen lässt!

Ein Buch, das Ihnen zeigt, wie Sie Ihre Intelligenz verbessern und die Leistungsfähigkeit Ihres Gehirns bis ins hohe Alter erhalten können.

Es richtet sich an Jung und Alt, aber auch an Eltern von kleineren Kindern.

Mit Mitte dreißig war der Autor aufgrund seiner jahrzehntelangen schweren Migräneerkrankung geistig und körperlich bereits so sehr erschöpft, dass er sich kaum mehr konzentrieren konnte, unter Schlafstörungen litt und bei den kleinsten Anstrengungen und Aufregungen Kopfschmerz-, Schwindel- und Panikattacken bekam. Daneben plagten ihn chronische Müdigkeit, Depressionen und rheumatische Beschwerden. Von den Ärzten war kaum mehr Hoffnung zu erwarten, da er im medizinischen Sinne als austherapiert galt. Wenig später fand er heraus, was er – wie vermutlich die meisten Menschen in unserer Gesellschaft ebenso – seit Anbeginn seines Lebens falsch machte. Heute, mit über 60 Jahren, erarbeitet er eigenständige kreative Lösungen zu äußerst komplexen wissenschaftlichen Problemstellungen, wie es die von ihm entwickelte „Systemische Evolutionstheorie" beispielhaft demonstriert.

Das Buch wendet sich an alle, die ihre vorhandene Konzentrationsfähigkeit weiter verbessern und sich ihre kognitiven Fähigkeiten bis ans Lebensende erhalten möchten. Es macht Mut und Hoffnung, da es zeigt, dass man mit den geeigneten Maßnahmen selbst im Alter noch deutlich klüger und kreativer werden kann.

Der Autor lässt anklingen, dass die im Buch vorgeschlagenen Verhaltens- und Lebensstilmaßnahmen ein erhebliches Kostensenkungspotenzial im Gesundheitssystem besitzen können.

Norderstedt: Books on Demand, 2012, ISBN 978-3-8482-2741-9, 9,95 €

North Charleston, SC: CreateSpace, 2012, ISBN 978-1480254893, 8,95 €

Über den Autor

Wie Übergewicht entsteht ... und wie man es wieder los wird

Die vorherrschende Vorstellung der Medizin ist, dass Menschen in erster Linie deshalb übergewichtig werden, weil sie mehr Kalorien zu sich nehmen als sie verbrauchen. Meist wird ihnen geraten, weniger zu essen – insbesondere vom Hauptenergieträger Fett – und sich gleichzeitig mehr zu bewegen – zum Beispiel durch Sport –, um die zu viel aufgenommene Energie zu verbrauchen.

Peter Mersch zeigt demgegenüber, dass es vor allem der aus evolutionärer Sicht noch nicht ganz ausgereifte Gehirnstoffwechsel des Menschen ist, der ihn unter den heutigen Lebensbedingungen zunehmend übergewichtig werden lässt. Denn unter der modernen Zivilisationskost kann das energiehungrigste und wichtigste Organ des Menschen – das Gehirn – die vielen, im Körperfett vorgehaltenen Kalorien nicht ausreichend nutzen, sodass Menschen selbst dann wieder hungrig werden, wenn sie längst überreichlich viel Fett am eigenen Körper tragen.

Ursache des Problems ist also weder die zu reichliche Fettspeicherung noch die mangelhafte Fettmobilisierung bei den Übergewichtigen, wie es die meisten Diäten und Ernährungsexperten behaupten, sondern die unzureichende Nutzung der in den Fettdepots gespeicherten Energien. Damit lässt sich insbesondere der epidemische Charakter der globalen Übergewichtswelle gut erklären.

Der Autor schließt seine Ausführungen mit einer Erläuterung verschiedener Lebensstilmaßnahmen und Ernährungsweisen zur Vermeidung und Reduzierung von Übergewicht, an deren Grundprinzipien er sich seit mehr als 20 Jahren selbst hält. In diesem Zuge analysiert er zahlreiche Ernährungsprogramme zur Gewichtsabnahme wie die Atkins-Diät, South-Beach-Diät, Lutz-Diät, ketogene Diät, anabole Diät, Dukan-Diät, 17-Tage-Diät, GLYX-Diät, Montignac-Methode, LOGI-Methode, Sears-Diät, Trennkost, Schlank im Schlaf, KFZ-Diät, Steinzeiternährung, FDH, Low-Fat etc. und beschreibt deren Eigenschaften und Wirkmechanismen.

Norderstedt: Books on Demand, 2012, ISBN 978-3-8482-0792-3, 9,95 €

North Charleston, SC: CreateSpace, 2012, ISBN 978-1477551721, 8,95 €

Über den Autor

Migräne. Heilung ist möglich

Immer mehr Menschen leiden unter Migräne, einer Krankheit mit quälenden Kopfschmerzen und zum Teil schweren neurologischen Symptomen. Allein in Deutschland geht man von 6 bis 8 Millionen Betroffenen aus, darunter eine zunehmende Zahl kleiner Kinder.

Peter Mersch zeigt auf, dass es sich bei Migräne keineswegs – wie von der Schulmedizin behauptet – um eine unheilbare neurologische Erkrankung handelt, sondern um temporäre energetische Krisen im Gehirn, in vielen Fällen verursacht durch eine zu kohlenhydratreiche Ernährung.

Die Umstellung der Energieversorgung des Gehirns vom Kohlenhydratstoffwechsel auf den leistungsfähigeren Fettstoffwechsel war die Voraussetzung dafür, dass das Gehirn des Menschen in der Altsteinzeit wachsen konnte. Mit Einführung des Getreides im Neolithikum und dem späteren Siegeszug des Zuckers erfolgte eine immer stärkere Regression der Energieversorgung des Gehirns auf den labileren Kohlenhydratstoffwechsel, womit viele Menschen nicht zurechtkommen. Die Folge sind Unterzuckerungen und andere sporadische zerebrale Mangelsituationen, die zu den Migräneattacken führen.

Das Buch stellt dar, wie durch Umstellung auf eine Ernährung, die den energetischen Anforderungen des Gehirns entspricht, und andere Lebensstilmaßnahmen Migräne deutlich gebessert oder sogar geheilt werden kann.

2. unveränderte Auflage der Erstausgabe aus 2006

Norderstedt, Books on Demand, 2016, ISBN 978-3-8391-2531-1, 14,99 €

North Charleston, SC: CreateSpace, 2016, ISBN 978-1477574256, 14,98 €

Über den Autor

Die egoistische Information. Eine Theorie des Lebens

Prof. Dr. Dr. Gerhard Vollmer (Mitbegründer der Evolutionären Erkenntnistheorie): *„Mir scheint, dass hier die bisher beste Verallgemeinerung des Evolutionsgedankens vorliegt."*

Alles Leben ist absolute und komparative Kompetenzverlustvermeidung, oder anders gesagt: Lebewesen und sonstige Evolutionsakteure verhalten sich informationsegoistisch.

Aus dieser mit dem Zweiten Hauptsatz der Thermodynamik begründbaren Verallgemeinerung der Theorie der egoistischen Gene wird im Laufe des Buches ein Großteil der uns umgebenden belebten Welt evolutionär rekonstruiert, von einfachsten Lebensformen bis hin zu aktuellen sozialen Phänomenen und Problemstellungen moderner menschlicher Gesellschaften. Mehr ist nicht erforderlich. So gesehen ist die Welt einfach.

Als Verhaltensmodell stellt die *Theorie der egoistischen Information* eine Alternative zum Modell des Homo oeconomicus dar: Menschen und sonstige Lebewesen sind gemäß ihr keine einfachen Nutzenmaximierer, sondern primär darum bemüht, ihre Kompetenzen mit der Zeit und in Relation zu ihrer Umwelt und anderen nicht schwächer werden zu lassen.

Zudem werden einige wesentliche Theorien und Theoreme auf sie zurückgeführt. Dazu zählen:

- Charles Darwins biologische Selektionstheorie
- Ricardos Theorem der komparativen Vorteile in einer verallgemeinerten kompetenzbasierten Formulierung
- Die Population Ecology of Organizations Theory

Für die Eusozialität im Tierreich, die sozialen Phänomene demografischer Wandel und demografisch-ökonomisches Paradoxon und die Begriffe Sozialdarwinismus und Zivilisation werden neue, sich unmittelbar auf die *Theorie der egoistischen Information* stützende Erklärungen und Definitionen vorgestellt.

Das Paradigma der *egoistischen Information* ist Weltbild und Welterklärung zugleich.

Norderstedt: Books on Demand, 2016, ISBN 978-3-8423-4383-2, 26,75 €

North Charleston, SC: CreateSpace, 2016, ISBN 978-1530351251, 26,75 €

Über den Autor

Systemische Evolutionstheorie. Eine systemtheoretische Verallgemeinerung der Darwin'schen Evolutionstheorie

Bei der Systemischen Evolutionstheorie (Systemic Theory of Evolution) handelt es sich um eine Verallgemeinerung der Darwin'schen Evolutionstheorie, die auf der allgemeinen Systemtheorie, der Kommunikationstheorie, der Soziobiologie, der Ökonomie und der modernen Demografie basiert und mit der Ontologie des systemischen Materialismus vereinbar ist.

Sie stellt den Versuch dar, alle eigendynamischen Evolutionen – inklusive der biologischen und soziokulturellen Evolution – mit den gleichen einheitlichen Evolutionsprinzipien zu beschreiben.

Die Theorie ist interdisziplinär angelegt und weder der Biologie noch den Gesellschaftswissenschaften zurechenbar.

Mit einem Vorwort von Prof. Dr. Dr. Klaus Rohde.

Stimmen:

Prof. Dr. Jochen Oehler (Neuro- und Verhaltensbiologe):

> Eine Reihe von interessanten Ansätzen vonseiten der Molekularbiologie, der Verhaltens- und Soziobiologie einschließlich der Memtheorie haben für bestimmte Bereiche das evolutionäre Erklärungspotenzial zwar erweitert, aber noch nicht zu der erhofften übergeordneten neuen Theorie geführt. Peter Mersch legt nun als Systemtheoretiker mit seiner Systemischen Evolutionstheorie einen umfassenden, vor allem übergeordneten Ansatz vor, der höchste Beachtung verdient.

Prof. Dr. Dr. Franz Josef Radermacher (Mathematiker/Informatiker; Mitglied des Club of Rome):

> Dies ist ein großartiges Werk. Es ist eine umfassende Darstellung des Gedankens der Evolution unter Einschluss allgemeiner Superorganismen, damit auch von Unternehmen, Staaten und der ganzen Menschheit, was mir thematisch immer schon ein besonderes Anliegen war und ist.

Prof. Dr. Dr. Klaus Rohde (Zoology, UNE, Australia; Clarke Medal Winner):

> Mir scheint, dass die Systemische Evolutionstheorie vor allem neues Licht auf die Evolution menschlicher Kulturen im weitesten Sinne, inklusive der Technik und staatlicher Organisation werfen kann, und eingehende kritische Berücksichtigung verdient. Ihre Terminologie ist klar und leicht verständlich, was vor allem auch für die Diskussion des Sozialdarwinismus wichtig ist. Die Annahme von die

Evolution vorantreibenden eigendynamischen Evolutionsakteuren im Gegensatz zu rein passiv selektierten Einheiten steht im Einklang mit neueren theoretischen Erkenntnissen, die die Selbstorganisation komplexer Systeme für einen wesentlichen Evolutionsfaktor halten.

Prof. Dr. Jürgen Tautz (Biologe; Communicatorpreisträger 2012):

Unter den Büchern, die sich mit dem Prozess und den Resultaten von Evolution befassen, ist dieses Buch für mich eines der originellsten seit Langem.

Prof. Dr. Dr. Gerhard Vollmer (Physiker und Philosoph; Mitbegründer der Evolutionären Erkenntnistheorie):

Die Frage liegt nahe, ob es vielleicht eine übergreifende Evolutionstheorie gibt, die alle oder wenigstens viele evolutive Prozesse umfasst. Peter Mersch legt eine solche Theorie vor. Mit großer Umsicht, wenn auch in eigenwilliger Terminologie, in die man sich hineindenken muss, formuliert er die Prinzipien seiner Systemischen Evolutionstheorie und belegt ihre Anwendbarkeit auf verschiedenen Systemebenen. Es ist geradezu verblüffend, wie sich dabei nichtbiologische Systeme in seine Begrifflichkeit und in seine Prinzipien einpassen. Auch die Unterschiede zur Darwin'schen Evolutionstheorie werden deutlich. Einige Probleme dieser Theorie lassen sich dabei elegant darstellen, teilweise auch lösen.

Norderstedt: Books on Demand, 2012, ISBN 978-3-8482-2738-9, 19,90 €

North Charleston, SC: CreateSpace, 2012, ISBN 978-1480071315, 15,80 €

Über den Autor

Wozu gibt es Sexualität? Das Königsproblem der Evolutionsbiologie

Der Text geht der in den Wissenschaften noch nicht abschließend beantworteten Frage nach, was die Vorteile der Sexualität und insbesondere der getrenntgeschlechtlichen Fortpflanzung sind. Er kommt zu dem Ergebnis, dass es bei der Sexualität ganz wesentlich um eine qualitative Verbesserung des Genpools und um Kommunikation geht.

Erst die Sexualität scheint die moderne Welt möglich gemacht zu haben.

Norderstedt, Books on Demand, 2014, ISBN 978-3-7357-9137-5, 6,95 €

North Charleston, SC: CreateSpace, 2012, ISBN 978-1481145077, 5,84 €

Über den Autor

Familienarbeit in gleichberechtigten Gesellschaften. Die Familienmanagerin: Familie als Beruf

Der Text analysiert den demografischen Wandel aus soziologischer, biologischer und ökonomischer Sicht. Ein Ergebnis ist, dass die Wirtschaftsfunktion der Familie nicht zur Gleichberechtigung der Geschlechter passt. Ferner wird gezeigt, dass sich männliche und weibliche Fortpflanzungsinteressen schon aus biologischen Gründen erheblich voneinander unterscheiden, und dass eine Nichtberücksichtigung der spezifischen männlichen Interessen erhebliche gesellschaftliche Folgewirkungen nach sich ziehen könnte. Es wird ein ergänzendes Familienmodell vorgeschlagen, welches die aufgeworfenen Probleme lösen könnte.

Norderstedt, Books on Demand, 2014, ISBN 978-3-7357-9060-6, 6,95 €

North Charleston, SC: CreateSpace, 2012, ISBN 978-1477529591, 5,84 €